U0917939

词语计算与应用

CIYU JISUAN YU YINGYONG

刘 华 著

中国·广州

图书在版编目（CIP）数据

词语计算与应用／刘华著．—广州：暨南大学出版社，2010.5
ISBN 978－7－81135－488－1

Ⅰ.①词…　Ⅱ.①刘…　Ⅲ.①汉语—词语—言语统计—研究
Ⅳ.①H136

中国版本图书馆 CIP 数据核字（2010）第 044155 号

出版发行：暨南大学出版社

地　址：中国广州暨南大学
电　话：总编室（8620）85221601
营销部（8620）85225284　85228291　85220693（邮购）
传　真：（8620）85221583（办公室）　85223774（营销部）
邮　编：510630
网　址：http：//www.jnupress.com　http：//press.jnu.edu.cn

排　版：暨南大学出版社照排中心
印　刷：暨南大学印刷厂

开　本：890mm×1240mm　1/32
印　张：8.75
字　数：226 千
版　次：2010 年 5 月第 1 版
印　次：2010 年 5 月第 1 次
印　数：1—2000 册

定　价：20.00 元

序

刘华博士的专著《词语计算与应用》（他谦称为一本“学术上摸索的小书”）就要出版了，希望我为他写一篇序，我答应了。临近截稿日期了，我还没有开笔。因为有一些急于处理的事情，而且又临近我住院的日子，所以我向刘华提出，要不那篇序就算了，有没有关系不大，不要耽误了书的出版。刘华回复坚请，说还来得及，就是推迟几天出版，也要等老师的序来添色。

事情就可以从“添色”说起了。

新世纪的读者如果觉得刘华的“小书”《词语计算与应用》读起来有味道、实用，特别是文科的大学生、研究生，认为有新信息、新内容，那是此书本身所存在的“特色”，不是我所能“添”上去的。正如刘华自己所说，他作为一个“计算语言学的门外汉”，经过几年在 1 和 0 的世界里纠结、挣扎，才获得了这些心得和成果。不“纠结、挣扎”，一个“门外汉”怎么可能不仅进到门里，还登堂入室，拿到博士学位呢？正所谓天道酬勤，一分耕耘，一分收获。舒舒服服、投机取巧混文凭的人是有的，但这终究是自欺欺人，迟早会暴露。刘华博士的努力是实在的、痛苦的、反复的，也是曲折向上的。

刘华自 2002 年起，在北京语言大学语言学及应用语言学博士点下攻读“语言信息处理”方向的博士学位。作为一个文科出身的应用语言学的硕士，要以计算机为主要工具，以建设动态流通语料库为主要目标和研究手段，以语言信息处理为主要研究内容，对刘华来说，确实困难重重。他说他从那时才开始接触

"1 和 0 的世界"。2002 年至 2010 年，他苦学了 8 年时间，有意思的是这正好与计算机"二换八"（由低阶二进制换算为高阶八进制）的数字巧合。我看中的恰恰是他的这种倔强钻研、一定要达到目的的牛劲。电子计算机本来就是为各行各业服务的工具，这一新的数字化手段，效力远远超出了技术范围。它不仅冲击着人们传统的工作方式，而且前所未有地改变了人类的生活方式和世界的秩序。正因为计算机（后来又加上网络）渗透了各个领域，现代社会对于它的依赖度也越来越高，所以它也必须与时俱进，升级换代，才能不断适应现代社会的要求，并且越来越人性化、越来越智能化。计算机能够适应各行各业工作的种种特定功能，需要在系统软件的平台和基础上，开发各种不同的应用软件，这就要有各行各业的人士根据自身的工作需要来参与设计开发，提出用户需求，有能力的用户甚至自己进行开发。但是不论谁来开发，只有熟悉所在的领域，设计开发才会更有针对性，更有实用性。具有语言学专业背景的人，研究"词语计算与应用"这种方法甚至开发应用软件，当然就具备了一定的有利条件。不断发现和解决计算机在语言研究与语言应用中的问题，是"语言信息处理"工作者的目标和任务，刘华博士的成果正是在完成这个总的目标和任务。当然，今后众多像刘华博士一样的"彻彻底底的文科生"，不必担心自己都得像刘华博士一样费劲，你们进行"词语计算与应用"时，就会感到使用起计算机来比较得心应手了。倘若你们觉得还不够得心应手，那么你们也可以再自行改造、自行开发，使你们的计算机更加个性化。刘华博士能做到的，你们也一定能做到。

所以，不是我能为刘华博士的《词语计算与应用》这本书来"添色"，而是他的这本书为语言研究与教学，至少是为词语的计算与应用工作添了色。这本书是文科出身的人写给文科的人读的书，不过是从数字化时代的新角度来写，是给也想用数字化手段研究和教学语言的新一代“语言人”读的书。他所“添”之“色”或深或浅，或浓或淡，或柔和或生硬，各有各的评价。但是，科学的春天正是要靠每一个参与者来“添色”，才会生机勃勃。正如宋代朱熹有诗曰：“等闲识得东风面，万紫千红总是春。”

《词语计算与应用》共有四章，除了附录、后记外，核心内容词语的计算与应用，主要包括“领域新词语快速获取”、“词语分类和词语聚类”、“词语计算与辅助汉语教学”、“词语主题度计算与自动标引”几个方面，这些也都是目前理工科（包括图书馆的情报检索）关注的热门课题，属于人文学科与理工学科交叉的边缘领域。语言信息处理、自然语言理解、人工智能、机器翻译等都是这一边缘领域的学科或课题。理工专业人士研究此类项目时，要补充人文专业知识（如语言学）；人文专业人士研究此类项目，要补充理工专业知识（如计算机科学、数理科学）。相对而言，补充人文专业知识较容易，补充理工专业知识则较困难。也就是说，搞计算语言学，文科出身者比理工科出身者面临的压力大。通常，理工科的人写的计算语言学的论著，满篇术语公式，文科读者觉得犹如读“天书”，但是刘华博士的《词语计算与应用》并非如此。因为是文科出身的人写给文科出身的人读的书，作为一个“过来人”，他能设身处地为读者着想，每个术语都有诠释，甚至每个公式都有解读，文科的人读来并不觉得过于深奥晦涩。

有的读者可能会觉得书中某些表述不够简洁，我倒认为，任何学术著作都应力求条分缕析，深入浅出，切忌术语轰炸、故弄玄虚或关键之处语焉不详。我反对烦琐哲学，但把论点、论据、论证过程逐一交代清楚，这不是烦琐。我常对我的学生们说：真正的大专家大学者，很重视科学知识的普及，他们常常有能力把复杂的问题讲得很简单，把深奥的知识讲得很明白，把高端的科学解说得很通俗；而“一瓶子不满，半瓶子晃荡”的人则常常相反，总是把简单的问题讲得很复杂，把浅显的道理叨咕得很深奥，这不是他自己本来就没读明白，就是故作高深、名词轰炸、哗众取宠、贪多炫博、短话长说，这样的学风可不好。总之，当简则简，当繁则繁，应如同本书作者一样抱着平实谦和的精神。

刘华博士的《词语计算与应用》毕竟是计算语言学的著作，那些数字化的新手段、新技术、新用法，对于文科的读者而言，虽不是“天书”，但总还存在一定的高度。不过这个高度，相信新一代的“语言人”只要稍微跳起，应该是够得着的。当然，最终的评价应由读者们来作，或者将来由刘华把还不够深入浅出的地方，进一步想一些有利于“彻彻底底的文科生”读懂的办法进行修订。

这本书并不纯粹是刘华博士当初的学位论文原稿。他已经毕业 5 年，任职于暨南大学华文学院，在海外华语研究中心主任郭熙教授领导下，他 5 年来一直在进行海外华语华文的资源建设与监测工作。本书中“词语计算与辅助汉语教学”、“词语主题度计算与自动标引”等章节，有的基于他在北京语言大学就读时参与的课题，也有一些是他到暨南大学后的延续研究成果。对于这部分，我不但不能“添色”，也不能掠美。唐代刘禹锡诗云：“芳林新叶催陈叶，流水前波让后波”，青出于蓝而胜于蓝是每个导师对学生的期许。我经常告诫我的研究生们：“师傅领进门，修行在个人。”我不否认，我们这一代人是语言信息处理（更准确地说只是汉语信息处理）事业筚路蓝缕的探索者，在这一新兴的边缘学科开拓之初，我们不得不“瞎子背瘸子”，趟出了一条道。我们采用语言学者和计算机学者相互合作的办法，双方都在原有专业基础上作了一定程度的学科横移，但我们并不真正具有跨学科的综合素质。30 多年过去了，今天，随着这门学科相对日臻成熟，着力培养我们的学生成为兼通语言领域知识与计算机领域知识的新型通才，既有必要性，也有可行性了。唯有如此，方可推进语言信息处理在深度、广度及多维度诸方面的持续发展。所以，刘华博士《词语计算与应用》的出版令我非常欣慰。

荀子曰："学不可以已。"韩愈曰："业精于勤"、"行成于思"。我愿以此与刘华博士共勉。衷心希望刘华博士日新又日新，添色更添色。

是为序。

张　普

2010 年暮春于北京

目　录

1　领域新词语快速获取

本章在简要回顾新词语识别和聚类的基础上，介绍了一种简便快捷的新词语发现和领域聚类的新方法。该方法直接抽取分类网页上人工标引的“关键词”和其他词语信息，并按照该网页栏目的对应类别将新词语分类，同时达到了新词语识别和领域聚类的目的。最终从15类6亿字的语料中抽取出约18万条分类新词语，并分析了这些新词语的特点及其在语言信息处理中的应用。

1.1　新词语识别和聚类综述

新词语的识别和领域聚类是自然语言处理、信息检索、信息提取中的一项基础研究。新词语不仅可以丰富人类语言知识，帮助解决一些歧义切分的问题，而且，新词语常常能表达更为精确完整的概念，能提高向量空间模型的文本表达能力和文本分类的效果。

新词语识别不外乎基于统计的和基于规则的两种方法。统计方法主要基于符号（如字、*n*串）的内部结合紧密度及其对上下文环境的依赖程度实现。几乎各种算法都已应用过，常见的如隐马尔可夫模型（Bikel et al，1997）、最大熵（Borthwik，1998）、支持向量机（Asahara，2003）、条件随机场（周俊生）、互信息和熵（罗盛芬，2003）等。典型的新词语识别系统，如崔世起等人针对二元新词、三元新词、四元新词等的常见模式，利用多个词典和词性过滤规则、独立词概率等技术对新词进行检测；Li等人利用SVM对NW11（单字符+单字符）型和NW21（双字符+单字符）型的新词进行识别；邹纲等人提出一种以某时间点为界建立背景和前景词串集合，采用评价函数检测Internet中的新词的方法；李钝等人利用单字之间的同现词频信息以及它们出现的时间规律确定候选新词字串，利用候选字串中各字符相邻、有序、频繁出现的特点，提出采用改进的关联规则挖掘算法进行新词的识别，解决了“长词中包含短词”的问题，提高了新词识别的准确率。

基于规则方法的基础是模板特征库和已标注上下文搭配特征的训练库，如专名或术语的前后指界信息、词语构造规则（如知网中文信息结构库）等。使用基于规则的方法，新词识别的准确率比较高，但是人工提取规则耗费人力，而且需要不断地更新识别规则。而使用统计方法，经常会得到很多垃圾串，而且对“长词中含有短词”的现象，如“苏丹”与“苏丹红”的识别比较困难。

基于统计的方法可移植性强，但难以解决数据稀疏问题，缺乏语言学验证。基于规则的方法则由于语言的灵活性而难以穷尽，并且最大缺点在于资源建设代价高、可移植性差。目前的趋势是二者逐渐融合。以机器学习方法为工具，大规模自动获取新词语，在此基础上，通过规则的过滤控制质量；或者通过机器学习方法获取规则，再施以统计或规则方法。这吸收了统计方法的自动快速和规则方法的可解释性和高质量的优点（金翔宇，2002；聂颂，2003；庄明，2004；苏菲，2004；贾自艳，2004；隋岩，2004；杨尔弘，2005）。

目前，国外有MUC（message understanding conference）和ACE（automatic content extraction）进行实体识别的评测。

在汉语中，由于缺乏形态标记，又与分词任务相互影响，新

词语识别难度更大。总的来说，新词语识别仍存在如下几个问题：

(1) 长度限制。由于性能的限制，大部分研究集中在2字至4字的 n 串识别上。

(2) 领域依赖。新词语识别和领域判定相依赖，领域知识获取代价高，这在基于规则的方法方面更是如此。

(3) 准确率有待提高。以2004年度“863”计划中文信息处理与智能人机交互技术评测中的命名实体评测结果为例，F1值约为75%。如何滤除共现频度高的非词语常用搭配（如“这一”、“是吗”等）；对常用词的识别精确度较差，召回率更是没法计算。

(4) 识别效率较低。作为其他应用的基础，底层消耗过大，特别是某些算法，如SVM。

领域知识获取是基于内容的文本处理中的基础关键技术。目前，很多著名的知识库主要依靠专家手工构建，如WordNet、HowNet，也有许多运用自动方法来获取领域词语。基于规则的方法主要利用人工构建好的模板以匹配的方式在大规模分类语料中获取领域词语；基于统计的方法则主要利用机器学习的方法进行领域词语聚类，如基于Bootstrapping、互信息、TFIDF等的领域词语自动获取。与新词识别类似，也存在领域依赖、准确率低、召回率没法计算、识别效率低等缺点。

1.2 基于分类网页链接分析的领域新词语发现

网络是一个巨大的资源宝库，当观察或利用角度不同时，会有意想不到的收获。

在构建文本分类和主题词标引系统时，我们建立了一个超大规模的语料库。语料来自几个门户网站，时间跨度为4年

(2002—2005)，共约60万个网页，6亿字。对60万个网页提取出详细的语料信息，如标题、栏目、关键词、时间、同主题链接标题和正文。

同时，通过对4个门户网站、3个搜索引擎和13个主流报纸网站的栏目分类体系和传统分类体系的对比研究，经过同名栏目去重、相似栏目合并、异名同类栏目映射、子类栏目提炼上升等手段，最终，在求得各大网站栏目的共性的基础上，重点考虑“主题划分”、“生活优先”的原则，我们归纳出一个网页分类用类目体系。体系共15个大类，包括：

时政新闻_国际、时政新闻_国内、时政新闻_社会、时政新闻_军事、经济、科技、体育、教育、娱乐、旅游、汽车、文艺、游戏、房产、生活男女

层级类别体系最深为四级，如“科技_数码_视频_数字电视”、“体育_水上运动_跳水”、“经济_证券资讯_黄金市场”、“汽车_用车修车”，类目总共244个。

将语料库的网页栏目和已建立的网页分类体系进行映射，最终，语料库存储为XML格式详细标注语料属性的层级分类语料库。

在网页信息提取时，我们发现很多网页已经人工标引上了关键词，没有标引的网页也存在一些有用的词语信息，如“热门”、“搜索”或文中的词语超链接。

这些词语信息大体上可分为两类：

（1）网页关键词。

这是新词语主要的来源。关键词往往标引在标题下面，是那些具有文本主题表示功能的词语。“关键词”是对一个网页的主题进行描述的关键性词语，一般一个网页约两三个关键词。例如，一篇题为“安然高官仍受调查　前主席秘书承认犯内部交易罪”的文章的网页的关键词为“安然、内部交易罪”。

在网页源代码中关键词的存在形式类似：

"<meta name="keywords" content="安然　内部交易罪">"。

(2) 网页上热门、焦点或搜索的内容、文中的词语链接。

为吸引用户眼球，网站在网页上放置了近期热门或焦点的词语的链接，用户点击即可进入相关页面。例如，2006 年 8 月，某网站在网页上放置了"热点推荐"："六方会谈"、"超级女声"，9 月初的"卡特里娜飓风"。

在网页源代码中，其存在形式类似：

"热点搜索</font></a>：<a href="http://search.xxx.com/xxxnews.php?word=六方会谈" target="_blank"><font color=#0000FF><u>六方会谈</u>"（热点搜索）。

"<a href="http://auto.xxx.com/model/1747.html" target=_blank><font color=blue>新奥迪 A6</font></a>"（正文中的词语超链接）。

在信息抽取时，只需定位到相应锚点，直接抽取即可获得大量词语。如在 C#程序中，只需一条语句"public string Substring(int startIndex, int length)"，再按照该网页的栏目分类别存储。这种方法快捷高效，只需要简单的匹配即可，避免了规则方法或统计方法复杂烦琐的运算，而且准确率几乎百分之百。

1.3 分类新词语分析

1.3.1 词语抽取的准确率与排错处理

根据上面的方法，我们在上文建立的超大规模分类语料库中抽取出其中已标注的关键词和超链接的词语，总共 229 237 个词条，按网页的主题属性存储进词表，形成 15 个大类的领域词表（按照层级小类形成 244 个领域词表，示例参见表 3。限于篇幅，分析时止于大类）。

由于是专家人工标引，网页关键词抽取的词语质量很高，我们抽样检查了经济类抽取的关键词。在 17 058 个词语中，词次大于或等于 4 的词语，由于是多次出现，避免了笔误或超常词语（如“虐人”、“卡特里娜飓风袭击美国”）等偶尔出现的出错情况，百分之百正确。词次小于 4 特别是词次为 1 的词语，有一些是上面提到的笔误和超常词语，但比例很小，在 4 079 个词语中总共发现了 11 个，大多是形如“卡特里娜飓风袭击美国”这样标题性的小句，词次都小于等于 2。因此，对从关键词中抽取的所有类的词语，我们只对词次小于等于 2 的词语进行了排错，结果表明错误率等于 0.25%。

从超链接中抽取的词语不多，这只是对关键词抽取的补充。经过检查发现，并不完全是词或短语，有的是标题性的小句，如“圆明园湖底防渗工程引争议”。这些小句都是特定时期大众比较关注的话题，词次不高，词长较长。经济类的抽样检查表明，基本上是词次小于等于 8 次，词长大于等于 7。因此，对超链接中抽取的词语，我们采取如下方法查错：用通用切词底表和排错后的关键词中抽取的词语进行过滤，余下小量从超链接中抽取的词语（6 724 个词条）；对这些词语中词次小于等于 8 次、词长大于等于 7 的词语（3 483 个词条）进行人工排错。结果表明错误率等于 33.56%。

总体上，关键词抽取的词语的准确率为 99.94%，超链接中抽取的词语的准确率为 94.43%。

表 1－1 是从科技、经济、游戏、汽车、体育、生活男女、教育 7 类语料中抽取到的词语举例。

表1-1 7类语料中抽取到的词语（按频次从高到低排列前30位）

科技	经济	游戏	汽车	体育	生活男女	教育
微软	大盘	纯情房东俏房客	汽车	皇马	写真	高考
笔记本	美元	传奇	降价	国奥	性感	试题
手机	反弹	A3	车市	姚明	美女	教育
IBM	基金	COSPLAY	F1	足彩	女性	留学
数码相机	股市	反恐精英	新车	火箭	男人	研究生
英特尔	调整	奇迹	车展	大连实德	健康	大学生
索尼	大豆	天骄	购车	女足	女人	大学
网络	银行	PS2	宝马	网球	明星	高校
病毒	上市	魔兽	丰田	曼联	美容	招生
MP3	欧元	冰风传奇	车祸	国家队	情感	考研
联想	非典	骑士	交通	阿里汉	模特	英语
中国	美国	敏捷篇	大众	贝克汉姆	两性	考试
电信	香港	决战	奇瑞	上海申花	性爱	学生
3G	股指	魔兽争霸	吉利	湖人	时尚	就业
软件	央行	圣斗士	SUV	乒乓球	性	中考
IT	震荡	凯旋	奥迪	国足	减肥	校园
联通	蓝筹	XBOX	奔驰	沈祥福	名模	毕业生
火星	经济	神泪	进口车	AC米兰	职业	非典
AMD	人民币	动画	二手车	围棋	服饰	民办
主板	铜	童话	雅阁	综合	生活	成绩
小灵通	中国	GBA	POLO	赛车	白领	学校
惠普	蓝筹股	天使	通用	世锦赛	人体	北大

（续上表）

科技	经济	游戏	汽车	体育	生活男女	教育
三星	投资	天堂2	福特	科比	爱情	录取
硬盘	证监会	天堂	宝来	北京现代	瘦身	高招
互联网	汽车	射击篇	开车	世乒赛	服装	文物
电脑	港股	任天堂	舒马赫	NBA	内衣	四六级
Windows	板块	神之领域	事故	F1	裸体	上海
显卡	券商	MU	一汽	上海中远	图	教师
摩托罗拉	保险	补丁	本田	重庆力帆	婚姻	收费
非典	小麦	E3	马自达	阿森纳	诱惑	法国

1.3.2 抽取词语的新词率

通常切词用的底表，一般约为8万个词条，本章以教育部语用所建立的词表作为对比词表（下称“8万词表”），此表共84 213个词条。新抽取到的词语除掉8万词表中的词语，我们将之称为新词语（显然，对比词表不同，新词语也不同）。新词语共175 187个词条，新词率为76.42%（175 187/229 237），具体分布在不同类别中。

下面以科技类为例进行说明。

从科技类共抽取到21 458个词语，按照词语出现的次数倒序排列。表1列举的30个词语中，除了“中国”，其他完全是科技领域的主题词语，全是命名实体。其出现次数的排名也反映了科技领域中信息分布和用户关注点的真实情况。

去掉8万词表中的词语，新词语共16 812个，科技类中倒序前30位的词语分别是“IBM、英特尔、MP3、3G、IT、AMD、小灵通、惠普、Windows、显卡、非典、Linux、网络游戏、CPU、

戴尔、DVD、TCL、网通、Intel、PC、CDMA、Google、掌上电脑、Photoshop、中国电信、华为、P4、垃圾邮件、数字电视、仁科”，全部是命名实体，而且带字母的词语明显增多，共16个。

表1-2是15个类别语料抽取到的词语数、新词语数及新词率。“词语数”是指从某一类别的所有网页中抽取到的词语数量，“新词语数”是指抽取到的未出现在8万词表中的词语数量，这些是新词语，新词率是指“新词语数”除以“词语数”的商。

表1-2　15个类别语料抽取到的词语数、新词语数及新词率

类目	词语数（个）	新词语数（个）	新词率（%）
游戏	18 548	15 877	85.60
旅游	13 585	8 701	64.05
经济	19 654	15 998	81.40
文艺	15 487	9 663	62.40
科技	21 458	16 812	78.35
时政__国际	12 685	6 991	55.12
房产	17 685	13 810	78.09
时政__国内	15 248	8 290	54.37
汽车	16 248	12 401	76.32
教育	14 547	7 631	52.46
体育	18 846	14 103	74.83
生活男女	13 697	7 042	51.42
娱乐	18 354	13 627	74.25
时政__社会	13 991	6 094	43.56
时政__军事	16 458	11 338	68.89

由于含有大量的游戏名、公司名和游戏中的人物、装备、地名等，游戏类新词率最高。例如，在195篇“游戏__迷你游戏__敏捷类”层级小类的网页中，仅游戏名称就抽取到298个，其中60个游戏名称见表1-3。

表1-3 “游戏__迷你游戏__敏捷类”的游戏名称

超级贪吃蛇	土人大战	逃离陷阱	醉酒上厕所	圆桌弹球	圣诞铲雪工
血腥闯关	星际猪霸	小偷克星	顽皮小酒鬼	玩具抓抓机	圣诞搬运工
太空兔子	忍者杀阵	拳皇2000	碰碰拳打	魔力彩蛋	生死巡航
魔鬼出租车	辣妹快打	恐怖医院	街头霸主	超级鱼仔	死亡赛车
足球炸弹人	自行车障碍赛	重锤打鸭子	战场救美女	勇闯魔鬼窟	舌头弹球大战
隐匿潜入	银河撞球赛	异星奇遇	养育美人鱼	训练皮卡丘	球球跳跳
血盆狼口	雪山逃生记	幸运蜜蜂	新格斗之王	小猪方块	泡泡豆豆龙
小强终结者	消灭蛀牙	西部大对决	无敌小泡泡	危险传递员	落日战机
外星人着陆	坦克出巡	水晶岛大冒险	水池挪杆	蔬菜马里奥	狂人姿三四郎
试管通道	圣诞老人打架	圣诞滑雪	圣诞大逃亡	圣诞打雪仗	精品打砖块

经济、科技、房产和汽车类由于行业发展较快，新事物或新概念层出不穷，产品名、公司名等更新快，新词率也较高。“时

政_社会”等主要与日常生活密切相关，不太容易出现新事物或新概念，因此新词率较低。

1.3.3 新词语在切分中的作用

我们将抽取到的新词语加入到原来的8万词表中，形成了一个含259 400个词条的大词语表（下称“26万词语表”）。与通常词表（如8万词表）的切分结果不同，基于大词语表的最大切分表现出如下一些特点：

（1）粒度较粗，词语的平均长度为3.19（含单字、二字词、字母数字词、多字词）。

（2）切词底表的词语多为关键词，专指性强、结构完整、语义单一，保证了词语内部的准确性；在本身准确性的前提下，词语词长较长，减少了切分点。这些避免了一些常用底表的切分错误。

（3）由于词语表中的新词语多为命名实体，因此，基本上能将起到文本表示作用的特征词语切出来，8万词表切分时的未登录词也基本上可以解决，这在科技、经济类文档中体现得更明显。那些切不出来的专名也是偶尔出现的，如社会新闻中偶尔出现的人名，一般不具有特征表示的意义。

下面我们以专名最多的科技文档为例进行说明，进行对比的其他切分系统共4个（软件于2004年年底于网络下载，可能并非最新版或最强版），切分结果如下（有下划线的为推荐切分，斜体的为可接受切分，字符底纹和波浪下划线的为错误切分）：

原文1：

从刚刚公布完的封闭式基金\年报看，封闭式基金得到了包括保险公司和QFII在内的机构投资者的热烈追捧。而通过近日基金管理公司内部调整的行为，分析人士推测，基金公司可能已经开始着手备战“封转开”。以华安基金旗下基金安顺为例，人寿股份持有2.64亿基金份额，加上人寿集团0.55亿总计为3.19亿，而在2003年6月的中报中，中国人寿（年报中分为人寿股份和人寿集团）的持有份额仅为2.1亿基金份额。其他如中国太保也有两千多万的份额增加。

北京大学分词结果：

从 刚刚 公布 完 的 封闭式 基金 年报 看 ， 封闭式 基金 得到 了 包括 保险 公司和 QFII 在内 的 机构 投资者 的 热烈 追 捧 。 而 通过 近日 基金 管理 公司 内部 调整 的 行为 ， 分析 人士 推测 ， 基金 公司 可能 已经 开始 着手 备战 “封转开” 。以 华安 基金 旗 下 基金 安顺 为 例 ， 人寿 股份 持有 2.64 亿 基金 份额 ， 加上人寿集团0.55 亿 总 计 为 3.19 亿 ， 而 在 2003年 6月 的中 报 中， 中国 人寿 （ 年报 中 分为 人 寿 股份 和 人 寿 集团 ） 的 持有 份额 仅 为 2.1 亿 基金 份 额 ， 其他 如 中国 太保 也 有 两 千 多 万 的 份额 增加 。

东北大学分词结果：

从/刚刚/公布/完/的/封闭式/基金/年报/看/，/封闭式/基金/得到/了/包括/保险公司/和/QFII/在内/的/机构/投资者/的/热烈/追/捧/。/而/通过/近日/基金/管理/公司/内部/调整/的/行为/，/分析/人士/推测/，/基金/公司/可能/已经/开始/着手/备战/“/封/转/开/”/。/以/华安/基金/旗/下/基金/安顺/为/例/，/人寿/股份/持有/2.64/亿/基金/份额/，/加上/人寿/集团/0.55/亿/总计/为/3.19/亿/，/而/在/2003年6月/的/中/报/中/，/中国/人寿/（/年报/中/分为/人寿/股份/和/人寿/集团/）/的/持有/份额/仅/为/2.1/亿/基金/份额/。/其他/如/中国/太/保/也有/两千/多/万/的/份额/增加/。/

中科院分词结果：

从/p 刚刚/d 公布/v 完/v 的/u 封闭式/n 基金/n 年报/n 看/v ，/w 封闭式/n 基金/n 得到/v 了/u 包括/v 保险/n 公司/n 和/c QFII/nx 在内/u 的/u 机构/n 投资者/n 的/u 热烈/ad 追/v 捧/v 。/w 而/c 通过/p 近日/t 基金/n 管理/vn 公司/n 内部/f 调整/v 的/u 行为/n ，/w 分析/vn 人士/n 推测/v ，/w 基金/n 公司/n 可能/v 已经/d 开始/v 着手/v 备战/v "/w 封/q 转/v 开/v "/w 。/w 以/p 华/j 安/j 基金/n 旗/n 下/f 基金/n 安顺/ns 为/p 例/n ，/w 人寿/n 股份/n 持有/v 2.64 亿/m 基金/n 份额/n ，/w 加上/v 人寿/n 集团/n 0.55 亿/m 总计/v 为/p 3.19 亿/m ，/w 而/c 在/p 2003 年/t 6 月/t 的/u 中/j 报/n 中/f ，/w 中国/ns 人寿/n（/w 年报/n 中/f 分为/v 人寿/n 股份/n 和/c 人寿/n 集团/n）/w 的/u 持有/vn 份额/n 仅/d 为/v 2.1 亿/m 基金/n 份额/n 。/w 其他/r 如/v 中国/ns 太/d 保/v 也/d 有/v 两千/m 多/m 万/m 的/u 份额/n 增加/v 。/w

我们分词结果：

从/ 刚刚/ 公布/ 完/ 的/ 封闭式基金/ 年报/ 看/，/ 封闭式基金/ 得/ 到了/ 包括/ 保险公司/ 和/ QFII/ 在内/ 的/ 机构投资者/ 的/ 热烈/ 追捧/ 。/ 而/ 通过/ 近日/ 基金管理公司/ 内部/ 调整/ 的/ 行为/，/ 分析/ 人士/ 推测/，/ 基金公司/ 可能/ 已经/ 开始/ 着手/ 备战/"/ 封转开/ "/ / 。/ 以/ 华安基金/ 旗下/ 基金安顺/ 为例/，/ 人寿股份/ 持有/ 2.64/ 亿/ 基金/ 份额/，/ 加上/ 人寿集团/ 0.55/ 亿/ 总/ 计为/ 3.19/ 亿/，/ 而/ 在/ 2003/ 年/ 6/ 月/ 的/ 中报/ 中/，/ 中国人寿/（/ 年报/ 中/ 分为/ 人寿股份/ 和/ 人寿集团/）/ 的/ 持有/ 份额/ 仅为/ 2.1/

亿/ 基金/ 份额/ 。/ 其他/ 如/ 中国太保/ 也/ 有/ 两千多万/ 的/ 份额/ 增加/ 。/

原文2：

PC巨头戴尔刚宣布进军家电市场不久，手机巨头摩托罗拉也尾随其后染指家电。据《北京晨报》报道，摩托罗拉与唯冠集团在深圳联合宣布，他们联合推出的摩托罗拉\资讯家电将在深圳高交会上首次亮相。据称，“摩托罗拉”牌家电将以数字电视为重点，以厨卫电视、楼宇可视对讲机、车载影音等为主轴，年底将推出液晶显示器、液晶电视、等离子电视和DVD、数码录放像机、车载产品等家电新品。众多巨头纷纷“入伍”家电市场，家电业能迎来发展的“第二春”吗?

北京大学分词结果：

PC 巨头 戴 尔刚 宣布 进军 家电 市场 不久 ， 手机 巨头 摩托罗拉 也 尾随 其后 染指 家电 。据 《 北京 晨报 》报道 ， 摩托罗拉 与 唯 冠 集团 在 深圳 联合 宣布 ， 他们 联合 推出 的 摩托罗拉 资讯 家电 将 在 深圳 高 交 会 上首 次 亮相 。据称 ， “ 摩托罗拉 ”牌 家电 将 以 数字 电 视为 重点 ， 以 厨 卫 电视 、楼宇 可 视 对讲机 、车载 影 音 等 为 主轴 ， 年底 将 推出 液晶 显示器 、液晶 电 视 、等离子 电视 和 DVD 、数码 录 放像机 、车 载 产品 等 家电 新品 。众多 巨头 纷纷“ 入伍 ”家 电 市场 ， 家电 业 能 迎来 发展 的“ 第二 春 ”吗?

东北大学分词结果：

PC/巨头/戴尔刚/宣布/进军/家电/市场/不久/，/手机/巨头/摩托罗拉/也/尾随/其后/染指/家电/。/据/《/北京/晨/报/》/报道/，/摩托罗拉/与/唯/冠/集团/在/深圳/联合/宣布/，/他们/联合/推出/的/摩托罗拉/资讯/家电/将/在/深圳/

高/交会/上/首次/亮相/。/据称/，/“/摩托罗拉/”/牌/家电/将/以/数字/电/视为/重点/，/以/厨/卫/电视/、/楼宇/可/视/对讲机/、/车/载/影音/等/为主/轴/，/年底/将/推出/液晶/显示器/、/液晶/电视/、/等离子/电视/和/DVD /、/数码/录放像机/、/车/载/产品/等/家电/新品/。/众多/巨头/纷纷/“/入伍/”/家电/市场/，/家电/业/能/迎来/发展/的/“/第二/春/”/吗/？/

中科院分词结果：

PC/nx 巨头/n 戴/nr 尔刚/nr 宣布/v 进军/v 家电/j 市场/n 不久/m ，/w 手机/n 巨头/n 摩托/n 罗/j 拉/v 也/d 尾随/v 其后/t 染指/v 家电/j 。/w 据/p 《/w 北京/ns 晨报/n 》/w 报道/v，/w 摩托/n 罗/j 拉/v 与/c 唯/d 冠/v 集团/n 在/p 深圳/ns 联合/v 宣布/v ，/w 他们/r 联合/v 推出/v 的/u 摩托/n 罗/j 拉/v 资讯/n 家电/j 将/d 在/p 深圳/ns 高/ad 交/v 会上/t 首次/d 亮相/v 。/w 据称/v，/w “/w 摩托/n 罗/j 拉/v”/w 牌/n 家电/j 将/d 以/p 数字/n 电视/n 为/p 重点/n，/w 以/p 厨/n 卫/nr 电视/n 、/w 楼宇/n 可/v 视/vg 对讲机/n 、/w 车载/b 影音/n 等/u 为/v 主轴/n ，/w 年底/t 将/d 推出/v 液晶/n 显示器/n 、/w 液晶/n 电视/n 、/w 等离子/n 电视/n 和/c DVD/nx 、/w 数码/b 录放/vn 像/v 机/ng 、/w 车载/b 产品/n 等/u 家电/j 新品/n 。/w 众多/m 巨头/n 纷纷/z “/w 入伍/v ”/w 家电/j 市场/n，/w 家/q 电业/n 能/v 迎来/v 发展/v 的/u “/w 第二/m 春/tg ”/w 吗/y ？/w

我们分词结果：

PC/ 巨头/ 戴尔/ 刚/ 宣布/ 进军/ 家电市场/ 不久/，/ 手

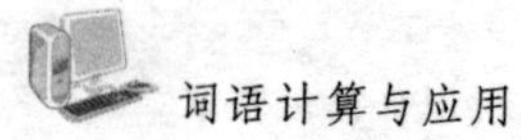

机/ 巨头/ 摩托罗拉/ 也/ 尾随/ 其后/ 染指/ 家电/ 。/ 据/《/ 北京晨报/ 》/ 报道/，/ 摩托罗拉/ 与/ 唯冠/ 集团/ 在/ 深圳/ 联合/ 宣布/，/ 他们/ 联合/ 推出/ 的/ 摩托罗拉/ 资讯家电/ 将/ 在/ 深圳/ 高交会/ 上/ 首次/ 亮相/ 。/ 据称/，/ "/ 摩托罗拉/ "/ 牌/ 家电/ 将以/ 数字电视/ 为/ 重点/，/ 以/ 厨卫电视/ 、/ 楼宇/ 可视/ 对讲机/ 、/ 车载影音/ 等/ 为/ 主轴/，/ 年底/ 将/ 推出/ 液晶显示器/ 、/ 液晶电视/ 、/ 等离子电视/ 和/ DVD/ 、/ 数码/ 录/ 放像机/ 、/ 车载产品/ 等/ 家电/ 新品/ 。/ 众多/ 巨头/ 纷纷/ "/ 入伍/ "/ 家电市场/，/ 家电业/ 能/ 迎来/ 发展/ 的/ "/ 第二春/ "/ 吗/ ？/

从原文 2 的切分对比来看，我们的切分系统基本上能将命名实体切分出来，在 29 个命名实体中（不含时间词），只切错了两个："唯冠集团、数码录放像机"，而且避免了其他系统出现的类似"戴尔刚、家/电业、高/交/会上、数字/电/视为"这样的歧义错误。而"戴尔刚、家/电业、高/交/会上、数字/电/视为"这样的切分错误由于包含特征词，会影响文本表示、文本分类、主题词标引等后续处理，其他的专名切分错误如"高/交/会"也是如此。而"北京/晨报、唯冠/集团、资讯/家电、数字/电视、厨卫/电视、楼宇/可视/对讲机、车载/影音、液晶/显示器、液晶/电视、等离子/电视、家电/市场、家电/业"在一般应用目的下，并不完全算切错，但对于信息处理中的文本表示研究而言，我们认为是错的，因为不利于文本表示。

需要特别说明的是，这只是个别例子上的对比，无法统计准确率和召回率，无法与其他切分系统进行数据上的对比，更不能由此而得出系统之间孰优孰劣的结论。以后可以参加"863"智能技术与接口评测项目中命名实体识别的评测，进行全面科学的测试。

1.3.4 新词语的强文本表示功能

总体上看，新词语中命名实体或术语占很大比例，特别是在游戏、科技、经济、房产、汽车类中更是如此。这样的新词语是具有强文本表示功能的特征词语，在文本表示时，能将文本的内容特征（如领域类别、主题思想、中心意义等）鲜明地表示出来。例如，相对于虚词性成分（如“总而言之”），一些领域性强的体词性成分（如“封闭式基金”）的文本表示功能强得多。这些词语往往结构固定，具有一定的凝固性；表意完整单一、所指明确，在意义上有一定的完整性和专指性，多是领域中的特征词语，如“保钓组织、保修证明书、贝尔格莱德红星队、手机操作系统、精确轰炸、内部交易罪”等，很适合表达文本的内容特征。

在文本表示中，最常见的是向量空间模型，但向量空间模型的一个很大缺陷在于它没有考虑文本上下文之间的语义关系和潜在的概念结构（如词汇间的共现关系、同义关系等），特征项之间独立性不够，不能充分反映出文本总体面貌。另一个用得较多的概率模型也存在类似的贝叶斯假设，即特征之间被假定为是相互条件独立的。

最基本、最有效的改进应该是从向量空间模型和概率模型的文本表示入手，提高特征项之间的独立性，如用结构更稳定、语义更完整的特征项来满足独立性假设。例如，“医药、板块”两个词和“医药板块”短语相比，“医药板块”显然语义更独立完整，更适合表示文本内容。

我们抽取到的新词语多为每一类中的命名实体，具有结构稳定、语义完整的特点，在较大程度上可以克服向量空间模型和贝叶斯假设的缺点，理论上，比其他特征项更适合作为文本表示的特征。很多命名实体几乎可以一词定类，例如，游戏类中的游戏名，甚至可以直接定层级小类。

我们利用文本分类的实验来进行验证。文本分类用的训练集和测试集来自上文介绍的超大规模层级分类语料库，直接以抽取到的领域词表构建向量空间模型。实验证明，与 8 万词表作为切分底表再训练模型相比，在 3 万篇测试文档中，文本分类的大类分类（只分到大类，如“科技”）效果的微平均提高了 3.1%，宏平均 $F1$ 值提高了 5.5%；层级分类（分到层级小类，如“科技_电脑_软件_操作系统”）的宏平均 $F1$ 值提高了 7.6%，微平均则提高了 15%。

表 1－4　8 万常用词语表和 26 万词语表对分类影响的比较

参数 / 特征	大类				层级分类			
	微平均	宏平均			微平均	宏平均		
	$P=R=F$	P	R	$F1$	$P=R=F$	P	R	$F1$
词（8 万）	89.7	81.9	85.3	82.6	77.8	84.1	70.7	73.4
短语（32 万）	92.8	88.6	88.7	88.1	92.8	89.6	78.1	81
差	3.1	6.7	3.4	5.5	15	5.5	7.4	7.6

这既提高了文本表示的效果，又大大节省了训练时间（分词时未登录词识别的时间），快捷高效。

小　结

与通常的机器学习算法或规则法相比，本章介绍的新词语获取和聚类方法简单快捷、准确率高，而且提高了切分和文本表示的效果。在施行复杂的动态算法之前，该方法能解决掉大多数问题，简单快捷，节约了时间。对于性能要求较高的后续处理，该

方法更是具有复杂算法无法比拟的效率优势。

但这只是一个利用已有资源的静态方法，如需动态更新，也可以定期下载新网页，重新抽取。另外，新词语的领域交叉问题也需要解决，可以依靠新词语在各个类别中的频率或 TFIDF 值的差别来计算其对于各个类别的归属可能性，如词语对于类别的归属可能性一枝独秀，则只属于某一类；如几个峰值并峙，则属于某几类，但可能性大小不一。当然，这中间的判断阈值的设定值得深究。

参考文献

[1] Donald Hindle. Noun Classification from Predicate-Argument Structures. *In proceedings of ACL*, 1990: pp. 268 – 275.

[2] 罗盛芬，孙茂松. 基于字串内部结台紧密度的汉语自动抽词实验研究. 中文信息学报，2003，17（3）：9—14

[3] 孙茂松，黄昌宁等. 中文姓名的自动辨识. 中文信息学报，1995，9（2）：16—27

[4] 刘秉伟，黄萱箐，郭以昆等. 基于统计方法的中文姓名识别. 中文信息学报，2000，14（3）：16—24

[5] 周正宇，李宗葛. 一种新的基于统计的词典扩展方法. 中文信息学报，2001，15（5）：46—51

[6] 郑家恒，李鑫，谭红叶. 基于语料库的中文姓名识别. 中文信息学报，2000，14（1）：7—12

[7] 贾自艳，史忠植. 基于概率统计技术和规则方法的新词发现. 计算机工程，2004，30（20）：19—21，83

[8] 郑家恒，杜永萍，刘昌钰. 基于语料的动态获取专业词汇方法初探. 计算机工程，2002，28（5）：64—66

[9] 刘建舟，何婷婷. 基于语料库和网络的新词自动识别.

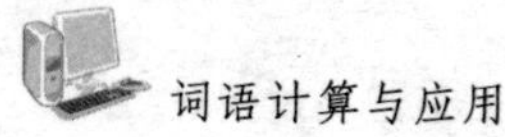

计算机应用，2004，24（7）：132—134

[10] 邹纲，刘洋．面向 Internet 的中文新词语检测．中文信息学报，2004，18（6）：1—9

[11] 聂颂．统计与规则结合的一种新词识别方法．微型机与应用，2003（10）：58—60

[12] 苏菲，王丹力．基于标记的规则统计模型与未登录词识别算法．计算机工程与应用，2004（15）：43—46

[13] 杨尔弘．突发事件信息提取研究．北京语言大学博士学位论文，2005

[14] 崔世起，刘群，孟遥等．基于大规模语料库的新词检测．计算机研究与发展，2006，43（5）：927—932

[15] 李钝，曹元大，万月亮．Internet 中的新词识别．北京邮电大学学报，2008，31（1）：26—29

[16] 周俊生，戴新宇，尹存燕，陈家骏．基于层叠条件随机场模型的中文机构名自动识别．电子学报，2005（5）：805—809

[17] 刘华．一种快速获取领域新词语的新方法．中文信息学报，2006，20（5）

[18] 刘华．网页信息抽取及建库系统 C#实现．计算机工程，2006，32（16）

[19] 刘华．超大规模分类语料库构建系统实现．现代图书情报技术，2006（1）

2　词语分类和词语聚类

在文本自动分类中，关键的一个技术是特征提取，经过权重计算和特征选择后，就能生成文本类别的核心向量，这些向量中的特征词可以认为是能代表该类文本特征的类别领域词。利用该特征提取方法，在大规模分类语料中自动获取领域词语，完成词语分类的任务。同时，分析了该词语分类方法的准确率和词语分类的结果。

在大规模分类语料库中，利用关键词自动标引方法，为每一篇文档标引关键词；选取某一大类中标引文章多于 20 篇的关键词作为种子词语，并利用大类的特征向量词表来最终确定种子词语；在每一种子词语的文档集中，利用文本分类的特征提取方法，进行词语聚类；最后，将某一种子词在多个类中的聚类词表进行合成，当用户检索某种子词时，系统自动返回该种子词在不同类中的聚类词语表，而且根据种子词归属于各类的归属度将类由高到低排列。

2.1　词语分类和词语聚类综述

领域知识获取是基于内容的文本处理中的基础关键技术。文本分类和主题分析需要庞大的领域词表支持，自由标引依靠具有强文本内容表示功能的特征词语进行类目或主题的区分、主题词或关键词的标引。在信息抽取和信息检索中，抽取和检索的对象很大程度上也是领域相关的。

目前，很多著名的知识库主要依靠专家手工构建，如 WordNet、HowNet。国内生成词分类体系的方法大致分为两类，其中一类是依靠人工进行分类的同义词林，如《同义词词林》、《信息处理现代汉语语义分类词典》、《简明汉语义类词典》等。这类语义分类体系存在的最大问题在于基本上都是基于一般常识或者自然科学知识的。而在实际的自然语言处理系统中，将这些语义知识与语法知识有机结合起来很困难。

除此之外，也有许多获取领域词语的自动方法，主要分为两类：基于规则和基于统计的。基于规则的方法利用人工构建好的领域词语特征字（词）库（如“＊病”）、经常与领域词语共现的指示词库（如“＊防治”）和指示领域关系的关系词语库（如“学名为＊”），在大规模语料中利用模板匹配的方式获取领域词语。基于统计的方法简单快速，主要利用机器学习的方法进行领域词语获取，如基于 Bootstrapping、互信息、TFIDF 等的领域词语自动获取。但是，这种方法比较依赖于训练所用的语料库，计算量大，且计算方法复杂。另外，受数据稀疏和数据噪声的干扰较大，有时会出现明显的错误。

2.2 基于分类特征提取的词语分类

2.2.1 定义说明

在本章中将用到以下概念：

（1）领域词语。

词语表可分为通用词语和领域词语两部分，简单地说，领域词语是具有强文本表示功能的特征词语。所谓强文本表示功能，是指在文本表示时，能将文本的内容特征（如领域类别、主题思想、中心意义等）鲜明地表示出来。例如，常见的虚词性成分（如“总而言之”）的文本表示功能弱，而一些领域性强的体

词性成分（如“封闭式基金”）的文本表示功能则很强。

(2) 领域通用词和领域专类词。

领域词语中又可根据词语的领域流通度分为领域通用词和领域专类词。领域通用词是表示领域的基本词语，代表了该类领域的质心特征，如体育类中的“比赛、球队”；领域专类词专指性强、区别度高，能将领域的详细特征区分开来，如体育类中的“世界拳击理事会、拳王”则不仅可以将体育类和其他类区分开，还能将体育类内部的小类（如拳击）区分出来。

2.2.2 特征提取方法分析

在文本自动分类中，关键的一个技术是特征提取。特征提取的步骤包括词语切分、词频统计、加权计算和特征选择（二者通常结合在一起进行）。

经过权重计算和特征选择后，就能生成文本类别的核心向量，这些向量中的特征词可以认为是能代表该类文本特征的类别领域词。

权重计算和特征选择有很多计算公式，如信息增益、期望交叉熵、文本证据权、X^2统计量等，其中最著名的是 TFIDF 公式。那么，权重计算和特征选择的公式究竟哪个为优呢？其实，在这些公式中，关键在于特征选择时的倾向：高频词或稀有词，也就是公式中的 P（w）因子起很大作用，因为一个单词出现的频繁程度并不能说明这个单词对分类很重要，有许多重要单词只出现很少次数，而很多次要单词却频繁出现。例如，游戏类中很多的游戏名称（如“足球经理 2003”、“暗黑破坏神”）、体育娱乐类中人名等专名，往往频次不高，却能一词定类。在以往的研究文章中，研究者都倾向于高频单词，其中 Yang 和 Djujia Mladenic 的文章综合比较分析了很多种特征评估函数的优劣，并特别指出信息增益的缺点在于考虑了单词未发生的情况，互信息的缺点在

于没有考虑 P（w）因子，以致倾向于稀有单词。期望交叉熵克服了两者的缺点，所以效果比它们都好；同理，文本证据权也考虑了 P（w），也是一种较好的评估函数。唐焕玲等人（2003）的实验表明，如果修改一下信息增益及文本证据权的公式，把它们的 P（w）因子去掉，它们的权值调整效果即会大幅度提高，接近于互信息的量级。

在上一节中，我们提到领域词语可分为领域通用词和领域专类词。其实，二者的区别是在领域区别度基础上的频率差别，即二者都具有较高的领域区别度，但在领域内的频率不同。因此，在特征选择时，我们应该充分考虑 P（w）因子的作用，既要保证高频的领域通用词，又要照顾到较低频的领域专类词，这样既可满足我们对领域通用词和领域专类词的需求，又可克服特征选择时片面倾向于高频词或稀有词的缺点。

陈克利（2003）对 TF·IDF 和 TF·IWF·IWF 公式进行了分析并作了一些改进。陈克利（2003）认为，关键词在某类的权重受三个因素的影响：该词在当前类中的出现频率；该词在总语料中的出现频率；该词在不同类别之间出现频率的差异。

第一个因素由 TF 表示，但如我们上面的分析，类别中词的出现频率和其对该类的重要度并不完全成正比，频率在计算中起了过度的作用，应该采取频率的 n 次方根（$n \geqslant 1$）的形式削弱其影响，并且可根据 n 的取值随意调节，以满足对领域通用词和领域专类词的需求。

第二个因素由 IWF·IWF 表示，其含义为：总训练语料中出现次数越少的关键词，其权重越高。但 TF·IWF·IWF（和 TF·IDF）忽略了第三因素，关键词在总语料中的出现次数并不能完全说明该词在分类中的重要性，频率相同的关键词在分类中的重要性是不同的：在各类之间分布越均匀，其重要性越小；反之越大。

方差是体现数据分布是否均匀的很好的数学指标，但从方差

公式中可以看出，方差大小又受到词频大小的影响，为了消除此影响（因为词频因素已经在TF中得到表示了，方差需要的只是词频之间的差异性表示），可以用方差除以该词在各类中的词频之和，于是得到下面的公式：

$$\sqrt{\sqrt{\sum_{j}(p_{ij}-\bar{p}_i)^2/\sum_{j}p_{ij}}}$$

表示关键词在不同类之间的分布差异性。从上面的分析可以得到关键词在类中的权重计算公式：

$$w(w_i,c_j)=\sqrt{\sqrt{\sum_{j}(p_{ij}-\bar{p}_i)^2/\sum_{j}p_{ij}}}\times[\log(N(w_i)/N)]^2\times\sqrt[n]{p_{ij}}$$

其中，$p_{ij}=T_{ij}/L_j$，L_j 是类 c_j 含有的所有词的次数之和，T_{ij} 是词 i 在类 c_j 出现的次数；$\bar{p}_i=\sum_{j}p_{ij}/m$，其中 m 为类别数；$N(w_i)$表示训练语料中出现词 w_i 的次数，N 是训练语料中所有词出现次数之和（$n\geqslant1$）。

2.2.3 词语表与训练语料介绍

2.2.3.1 扩充的词语表

词语切分一般采用最大匹配法。双向最大匹配法速度快，词表开放、格式简单易扩充，而且由于分词错误多集中于常见词，并不影响领域特征词的提取，分词结果正确率对于提取特征词可以充分接受。但是切词底的词条对领域词语抽取影响重大，特别是当大家专注于进行特征提取和特征权值计算的算法改进时，却忽视了进行提取和权重计算的特征本身（即词条）。如果词表中缺乏具有一定完整性和区别度（专指度）的领域词条，那么最先进的算法也是缘木求鱼。

我们在原有通用词条的基础上，扩充了大量领域性强的词语，特别是短语，总词语表达32万余条词语。新增加的词语主要抽取自门户网站网页上专家标引的关键词语（时间跨度为四年，约60万个网页，6亿字）。“关键词”是对一个网页的主题的描述词语，例如，一篇题为“安然高官仍受调查　前主席秘书承认犯内部交易罪”的文章的网页的关键词为“安然、内部交易罪”。这些词语，特别是短语，往往结构固定、语义完整，是领域中的特征词语，如“保钓组织、内部交易罪”，更适合作为领域聚类的特征项。

以上途径只是一个静态的获得过程，随着时间的推移，肯定还会出现很多新词语，因此，动态获得新词语是一个自适应系统应该注意的关键问题。北京语言大学DCC博士研究室是一个多学科的互用互助系统，隋岩博士的博士论文利用动态流通度理论进行词语碎片的捆绑，自动获得新词语，而且这项工作一直在动态更新。因此，新词语以后可以通过该方法动态更新，不断扩充。

2.2.3.2　**训练语料**

训练用的分类语料库约60万个XML文件，6亿字，时间跨度为四年（2002、2003、2004、2005），XML文件标注了语料的标题、关键词、类别（详细标明到细致的主题，如“经济—证券—债券”，共两百多个）、时间、段落等属性。具体领域和文件数分布如表2－1所示。

表2－1　训练语料分布情况表

类别	文件数	类别	文件数
时政新闻__国际	59 130	旅游	18 471
时政新闻__国内	119 695	文艺	14 248
时政新闻__军事	21 743	游戏	22 843

（续上表）

类别	文件数	类别	文件数
时政新闻__社会	42 559	汽车	21 745
经济	40 115	教育	24 405
科技	53 126	房产	19 573
体育	96 120	生活男女	19 382
娱乐	23 905	总计	597 060

采用如此大规模的语料主要是考虑到如下两个因素：

（1）一个词语是否属于领域词汇，关键在于它区分领域的能力，只有将词语放在整个分类系统中，比较词语在该领域与其他各个领域的出现差异，才能较好地获得这种区别能力。因此，在进行领域词语聚类时，必须将整个分类系统考虑进去，而不是只比较两三个领域。

（2）各个领域的语料量必须足够大，这样才能克服词语在语料中出现的偶然性因素，而且，随着语料规模的扩大，新的领域词语也随之增多。

2.2.4 算法实现

算法具体步骤如下：

第一步，双向最大切分。同时识别出底表中没有的数字字母词串。

第二步，统计词次。统计时根据位置加权，加权时文本长度会对加权因子产生影响。例如，对一篇 200 字的文章和一篇 1 000字的文章的标题中的词，都乘以相同的加权因子，那么，1 000字的文章的标题中的词的词数就会湮没在整个文章中的词的词数中了，没有体现标题中的词的独特标示作用。因此，对关键字、标题加权时，应该动态加权，即按文章正文词数动态调整加权系数。标题加权底数为2，关键字加权底数为3，正文词数按200词分级，每增加一级，在原来系数上相应加1。最终词次统计公式如下：

$$F_w = \Sigma F_{wz} + (3+\lambda)\Sigma F_{wg} + (2+\lambda)\Sigma F_{wb}$$

其中，ΣF_{wz}表示词w在正文中的计数，ΣF_{wb}表示词w在标题中的计数，ΣF_{wg}表示词w在关键词中的计数，$\lambda = \Sigma F_{wz}/200$（整除）。

第三步，权重计算。按照第三节中的公式计算每个词在类中的权重，n（$n \geqslant 1$）参数主要用来调节词频的影响，当n取值小时，倾向于词频大的词；当n取值大时，则词频的影响减弱，倾向于词频小的词。

第四步，特征选择。通过观察提取结果，根据不同类别的具体情况设定不同的阈值，约为3.5到5.5之间。

2.2.5 实验结果分析

2.2.5.1 n值对特征提取的影响

我们分别对n取1、2、3、4、5、6不同的值，然后与该类未作权重计算的频率进行对比，观察权重计算及n值对特征提取的影响（限于篇幅，只列举了n为1、3、6时的情况）。表2-2在财经领域对五种待对比的分表中各取前20个词，按降序排列。频率这一列指只对财经领域分词后统计词频得到的分表（前20个），未作权重计算；差集指$n=6$时的词集减$n=3$时的词集后的余集。

表 2－2 财经类词语对比表

频率	$n=1$	$n=3$	$n=6$	差集
的	财经	财经	伦敦铜	家谊股份
在	大盘	大盘	个股推荐	行业选股
了	市场	个股	荐股秀	水运板块
是	公司	股指	沪铜	王从军
和	投资者	该股	逍遥手记	船市
财经	个股	后市	金美林投资	暗箱操作
公司	的	短线	三元顾问	孙晓路
市场	基金	蓝筹股	沪胶	孙蒙蒙
年	反弹	券商	本地股	葡萄酒板块
对	走势	反弹	外汇通	德盛基金
中国	行情	走势	铜价	统杰法宝
而	上市公司	科技股	北京首放	混凝土泵
将	企业	震荡	钢铁股	华鲁恒生
也	资金	QFII	天胶	明星经理制
有	股市	行情	深圳本地股	财经联线
月	股	大豆	半年线	九牧王
与	短线	股市	金汇通	会徽价值
但	股指	投资者	重组股	板块轮动
等	投资	超跌	券商重仓股	电解电容器
为	美元	上市公司	双底	土地征用制

在“频率”这一列中，只有财经、公司、市场和企业可以

算作经济类的领域词，大量出现的是那些高频常用词。通过对 n 取不同值时词语的观察，权重计算时 n 取值对词语的领域通用度（或领域稀有度）的影响显而易见，n 取 1 时，区别度不够，出现了如的、TOM、公司这样的词语；随着 n 值的加大（$n=6$），经济领域中高区别度的词语大量出现，很多基本上都是经济领域中独有的词语，如外汇通、半年线、金汇通、重组股、券商重仓股等。差集中的词也是区别度很高的词语，并且能够补充 $n=3$ 时领域通用词中没有出现的词语。

2.2.5.2　词语分类的准确率

由于没法进行召回率的测试，因此对领域词汇聚类进行评价的最简单指标是准确率。我们以经济领域为例，分别取聚类后（$n=2$）的前 1 000、2 000、3 000、4 000、5 000 个词语，人工进行评测，评测时将与经济相关的专有名词，如机构名、人名等也作为经济领域的词语。但这种人工评价方法主观性较强，只是一个无奈的选择。评价结果如表 2－3 所示。

表 2－3　词语分类的准确率

领域	正确词数（个）	抽取到的总词数（个）	准确率（%）
经济	962	1 000	96.2
	1 916	2 000	95.8
	2 870	3 000	95.6
	3 814	4 000	95.3
	4 737	5 000	94.7

从上面结果中可以看出，整体效果较好。随着词语的增加，准确率逐渐下降。

2.2.5.3 与专家构建的HSK（商务）词表的比较

和专家人工构建的领域词表进行比较是本节的目标。我们与北京大学合作完成的HSK（商务）词表（共2 382个词语，参见第三章第六节“基于语料库的对外汉语教学用分类词表的研制”）包括由领域专家收集选择的经济领域的词语，与之进行了对比，结果如表2－4所示。

表2－4 与专家构建的HSK（商务）词表的比较

	词表1 (10 000)	非词表1 (10 000)	词表1 (2 382)	非词表1 (2 382)
词表2	1 273	1 109	524	1 858
非词表2	—	8 127	—	1 858

词表1（10 000）指的是我们自动聚类得到的词表（$n=3$，前10 000个词语）；词表1（2 382）指的是自动聚类得到的词表（$n=3$，前2 382个词语）；词表2表示HSK（商务）词表，非表示词语不在词表中，词表2与非词表1（10 000）相交的数字1 109表示“出现在词表2中但不出现在词表1中的词语数为1 109个”。

从表2－4中可以看出，二者的重合率比较低，当自动聚类的词表取前2 382个时，重合率仅为22%（524/2 382）。综合分析，原因如下：

（1）HSK（商务）词表所收词语以领域通用词为主，甚至包括一些领域不强的一般通用词语，如“生效、维修、实时”（皆不在我们自动聚类得到的词表中）；我们自动聚类得到的词表中的词语则偏向领域性强的领域专类词语，如“股指、蓝筹股、社保基金”［皆不在HSK（商务）词表中］。

（2）HSK（商务）词表基本上不收经济领域的专名，如公司名、经济人物名，而我们自动聚类得到的词表中含有大量专名，如“智富基金、华夏银行、周小川”［皆不在HSK（商务）词表中］。

（3）HSK（商务）词表的词条基本上是词，较少出现短语，而我们的切词底表中短语数多于词数，因此，我们自动聚类得到的词条很多是HSK（商务）词表的词条组合，如“社保基金、机构投资者、资本市场、钢铁板块”。

2.2.6 实验结果举例

对于15大类，我们各取分类词表的前40个词语（见表2－5），按权重降序排列，$n=3$，n是词频开方时的方根，下同。

表2－5 分类词表的前40个词语（1）

房产	时政新闻_国际	时政新闻_国内	教育	时政新闻_军事	科技	旅游
房产	伊拉克	防汛	考生	军事	笔记本	旅游
开发商	巴格达	非典型肺炎	高考	台军	科技	游记
业主	美军	防治	教育	导弹	英特尔	旅行社
商品房	萨达姆	新闻	录取	海军	AMD	瞧
房地产	中国日报	春运	考试	阿富汗	处理器	自助旅游
楼盘	布什	省委	考研	潜艇	IBM	游客
小户型	美伊战争	淮河	复习	空军	微软	景区
住宅	布莱尔	时政	试题	军事新闻	Linux	景点
物业管理	巴士拉	全省	招生	美军	笔记本电脑	稻城

（续上表）

房产	时政新闻_国际	时政新闻_国内	教育	时政新闻_军事	科技	旅游
购房者	美英联军	时政新闻	题	战斗机	硬盘	游览
物业	伊军	非典	仅供参考	演习	3G	导游
装修	联合国	新闻图片	MBA	核潜艇	芯片	九寨沟
购房	美英	安全生产	理科	战机	内存	种豆
户型	联军	我省	报考	舰	惠普	自助游
经济适用房	伊拉克战争	刘涌	本科	无人机	用户	瀑布
楼市	以色列	病例	作文	拉登	CPU	人在旅途
写字楼	朝鲜	疫情	数学	拉丹	小灵通	出境游
二手房	安理会	三个代表	院校	以军	Windows	主题旅游
地产	伊拉克人	公投	课程	以色列	Intel	黄金周
房地产市场	转自	领导干部	留学	伊拉克	联想	自驾车
房屋	巴勒斯坦	张国荣	文科	雷达	芯片组	风景区
购房人	伊朗	传染性非典型肺炎	文化教育	李登辉	迅驰	黄山
家装	阿巴斯	非典防治	考	塔利班	数码相机	游人
房展会	新华网消息	再就业	志愿	舰艇	主板	吐鲁番
房展	伊拉克人民	矿难	英语	士官	3721	滑雪场

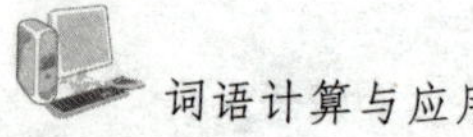

（续上表）

房产	时政新闻__国际	时政新闻__国内	教育	时政新闻__军事	科技	旅游
房价	英军	台独	学科	我军	摩托罗拉	个人游
买房人	伊	煤矿	考点	萨达姆	bobbyshaw	漂流
发展商	鲍威尔	市委	CET－4	台独	软件	海拔
住房	安南	民警	极盛	驱逐舰	Sun	旅游者
健康住宅	图库	旅客	分数线	核武器	操作系统	睡袋
买房	利比里亚	疑似病例	考查	“基地”组织	联通	古镇
平方米	土耳其	国内新闻	试卷	北约	戴尔	阳朔
家具	美军士兵	人民网	敬请	台海	单击	环球采风
物业公司	伊拉克军队	政协	解题	巴基斯坦	CDMA	雪山
居室	袭击	旅游	语文	陆军	诺基亚	张家界
地产开发	总统	收治	毕业生	国防	64 位	峡谷
新盘	大规模杀伤性武器	抢险	本题	俄军	电信	出游
业主委员会	战争	新华网	招办	解放军	中国电信	太白山
房地产业	伊拉克问题	督查	填报	巴勒斯坦	显卡	中甸
别墅	利比亚	果子狸	命题	卡尔扎伊	运营商	丽江

表 2-5 分类词表的前 40 个词语（2）

娱乐	游戏	文艺	体育	时政新闻_社会	汽车	男女
专辑	玩家	美术	球队	民警	车型	女性
演唱会	游戏	当代艺术	球员	某	汽车	男人
歌迷	网络游戏	古文化	姚明	派出所	轿车	肌肤
唱片	法师	广东美术馆	主场	强奸	SUV	女人
歌手	A3	笑道	体育	卖淫	车市	性爱
谢霆锋	PK	油画	曼联	歹徒	新车	两性
周杰伦	魔法	三藏	英超	抢劫	发动机	减肥
梅艳芳	戏中	绘画	国家队	杀人	奇瑞	性生活
新专辑	外挂	艺术批评	球	男子	车身	阴道
音乐	内测	双年展	中国队	陈某	试驾	皮肤
周迅	怪物	黛玉	皇马	刑警	宝来	性高潮
王菲	PS2	贾政	联赛	作案	万辆	性交
刘德华	传奇 3	作品	客场	盗窃	二手车	性欲
乐坛	冰风传奇	展览	主教练	犯罪嫌疑人	内饰	阴茎
娱乐	网游	中国画	球迷	报案	进口车	护肤
演唱	天堂 2	艺术市场	湖人	化名	宝马	脂肪
郑秀文	任天堂	书法	进球	老汉	排量	做爱
歌坛	天骄	版画	比赛	黄某	购车	写真
Twins	新画面	当代艺术展	队	被害人	丰田	闲

（续上表）

娱乐	游戏	文艺	体育	时政新闻_社会	汽车	男女
歌曲	XBOX	水墨	国奥队	侦查员	雅阁	保湿
陈奕迅	雷霆战队	作品展	足彩	警方	坐椅	乳房
英皇	GBA	批评家	国奥	抓获	一汽	阴蒂
张柏芝	魔兽争霸3	前卫艺术	赛季	公安分局	上海大众	女人
唱片公司	COSPLAY	卜桦	篮板	专案组	帕萨特	彩妆
歌	账号	高名潞	阿森纳	卖淫女	赛欧	性感
个唱	反恐精英	第一届深圳美术馆论坛	意甲	稿源	机油	面膜
导演	骑士	四回	足协	男青年	车展	瘦身
艺人	战队	艺术理论	本赛季	敲诈	千里马	眼影
剧组	Online	威尼斯双年展	马刺	小偷	旧车	美容
李亚鹏	魔	观念艺术	切尔西	报警	制动	粉底
乐队	奇域	齐白石	小牛	持刀	POLO	自慰
摇滚	魔兽	上海美术馆	NBA	发廊	威驰	爱抚
莫文蔚	BOSS	罢	甲A	安童	爱丽舍	杨沐春涓
容祖儿	NGC	探春	俱乐部	巡警	赛纳	月经
拍戏	公测	二回	转会	丈夫	威姿	美白

（续上表）

娱乐	游戏	文艺	体育	时政新闻_社会	汽车	男女
孙燕姿	冰封王座	文物	中国足协	县公安局	派力奥	射精
Beyond	组队	二爷	女足	老太	新雅阁	男性
视听	神泪	蔡国强	AC 米兰	嫖娼	富康	名模
阿杜	苹果派	张大千	教练	诈骗	扭矩	妆容
陈慧琳	仙剑奇侠传 3	陈毅	主帅	跳楼	新车型	防晒

2.3 基于大规模分类语料库关键词标引的词语聚类①

领域知识获取是文本处理中的基础关键技术，目前有许多方法来获取领域词语，主要分为两类：基于规则的和基于统计的。基于规则的方法主要利用人工构建好的领域知识在大规模语料中利用模板匹配的方式获取领域词语；也有一些知识库主要依靠专家手工构建，如 WordNet、HowNet。基于统计的方法简单快速，主要利用机器学习的方法进行领域词语获取，如基于 Bootstrapping、互信息、TFIDF 等的领域词语自动获取。

基于统计的词语聚类方法存在两大瓶颈问题：

（1）对种子词语选择的主观性。人为地选取种子，由于语料的有限性，出现了误筛选的现象；选取多少个种子词语也难以确定。

---

① 词语聚类在线检索：http：//www. languagetech. cn/word _demo. aspx。

（2）聚类时的相似度算法是在非同质的语料库中进行的，相似度计算的结果噪音比较大。

针对这两个问题，本章利用大规模分类语料库中关键词标引的特征提取方法自动获取领域词语。选取某类中标引文章多于20篇的关键词作为种子词语，并通过利用大类的特征向量词表来最终确定种子词语，克服了种子词语选择的主观性，同时将聚类限定在分类语料库中以降低相似度计算的噪音。

2.3.1 超大规模分类语料库和词语表说明

超大规模分类语料库的语料来自几个门户网站，时间跨度为7年（2002—2008），共约150万个网页，15亿字（在第一章介绍的语料库基础上作了扩充）。

网页分类用类目体系共15个大类，层级类别体系最深为四级，如“科技_数码_视频_数字电视”，类目总共244个。

语料库信息汇总如表2-6所示（仅列举大类）。

表2-6　15大类信息

游戏	旅游	汽车	教育	时政_国际
经济	文艺	体育	生活男女	时政_国内
科技	房产	娱乐	时政_社会	时政_军事

很多网页已经人工标引上了关键词。关键词往往标引在标题下面，是那些具有文本主题表示功能的词语。关键词是对一个网页的主题进行描述的关键性词语，一般一个网页约含两三个关键词。例如，一篇题为“分析称知识产权难题使IBM并购Sun停顿”的文章的网页的关键词为“IBM、Sun、并购、知识产权”。这些关键词都是网站主题标引专家长期积累下来的集体智慧，是

我们基于知识的标引系统收集的非常珍贵的专家资源。我们在上文建立的超大规模分类语料库中抽取出其中已标注的关键词，总共获得约30万个词条（去重后），再加上常用词语，切词底表共约40万个词语，如“封闭式基金、上市公司”。[①]

2.3.2 利用关键词标引确定种子词语

2.3.2.1 关键词标引[②]

关键词的主要特征是主题性：关键词揭示的是文档最核心的内容，是文档的灵魂。我们引入了主题度概念来表示一个词语对文档主题概念的表征程度。主题度，是指在文本表示时，将文本的主题特征（如主题思想、中心意义等）鲜明地表示出来的程度。例如，常见的虚词性成分（如“一般说来”）的文本主题表示功能较弱，主题度较弱；而一些领域性强的体词性成分（如“数码相机”）的文本主题表示功能则较强，主题度较强。

我们通过在上述构建的大规模分类语料库中进行词语的主题度训练，获得了每一词语的主题度。其计算公式如下：

公式一：

$$Ztd(w_i) = \sqrt{\sqrt{\sum_j (p_{ij} - \bar{p}_i)^2 / \sum_j p_{ij}} \times [\log(N(w_i)/N)]^2}$$

其中，$p_{ij} = T_{ij}/L_j$，L_j 是类 c_j 含有的所有词的次数之和，T_{ij} 是词 i 在类 c_j 出现的次数；$\bar{p}_i = \sum_j p_{ij}/m$，其中 m 为类别数；N（w_i）表示训练语料中出现词 w_i 的次数，N 是训练语料中所有词出现次数之和；$n = 3$（陈克利）。

在基于40万个词条的词表切分和词频统计后，通过停用词

---

① 参见第一章。

② 关键词标引详情请参看第四章“词语主题度计算与自动标引”。

表滤掉常见的虚词，进行权重计算，其计算公式如下：

公式二：

$$T(w_i) = F_w \times \sqrt[n]{Ztd(w_i)}$$

其中，$T(w_i)$ 表示词语 w_i 的权重，F_w 表示词语 w 的频率，$n \geqslant 1$，这里 $n = 3$。按最终权值降序排列，取前若干位词为候选词。最终为每一篇文章标注上三到五个关键词。

关键词自动标引在词语完整度、特征重要度、词语冗余度、主题覆盖度、专家认可度等方面综合评分为 8.08（总分为 10 分）①。

2.3.2.2 确定种子词语

在每一大类中，为每一关键词做好出现文档的索引。将标引文档多于 20 篇以上的关键词列出来，作为聚类的候选种子词语，共约 5 万个词条。其中，计算标引文档数是限定在各个大类中进行的，如“病毒”词语在“科技”类中共有 487 篇文档标引为关键词，“生活男女”类共 188 篇，则“病毒”分别在两类中统计文档数，并分别做索引，而非汇总统计好再做索引。这样既保留了词语在不同领域中的不同义项，又避免了将不同义项混杂起来统计而造成噪音。

利用上文提到的文本分类的特征提取算法，为每一大类（15 大类）统计出该类的特征向量。每一大类的特征向量约含一万个词语②。

对每一大类中的候选种子词语，用该类的特征向量词表进行过滤，去掉那些虽然标引文档数大于 20，但类特征向量词表没有的候选种子词语。例如，在大类“经济”中，“中国”候选种子词语为 34 篇文档，但是“经济”类特征向量词表中并不包含

---

① 关键词自动标引在线演示地址：http：//www.languagetech.cn/class_demo.aspx。

② 参见基于文本分类特征提取的领域词语聚类. 语言文字应用，2007（1）

“中国”，因此，大类“经济”最终的种子词语不包含“中国”。

由于关键词是文本主题表示功能较强的体词性词语，主题度计算已经充分体现了此特点，因此，候选的聚类种子词语基本上是领域性强的术语或命名实体，如“宝马、实木地板、开放式基金、轮胎、平板电视”等，没有虚词性的词语。

2.3.2.3 算法分析

这种通过大规模分类语料库中的关键词标引方法确定种子词语的好处显而易见，具体有以下四点：

（1）语料库规模大，分布广，时间跨度大，充分保证了关键词出现的可能性，能部分解决统计时的数据稀疏问题。

（2）将某类中出现在20篇文档以上的关键词作为候选的聚类种子词语，部分保证了这些种子词语的代表性，受关注度比较高。而且，20篇以上的文档数也部分保证了聚类时语料的充足性，避免了由于文档数太少造成的聚类的特征不明显的缺陷。

（3）利用大类的特征向量词表进行过滤，去掉那些虽然标引文档数大于20，但类特征向量词表没有的候选种子词语。这样更凸显了种子词语在该类中的代表性。

（4）关键词的强文本主题表示功能，确保了种子词语是领域性强的术语或命名实体。而通常的词语聚类方法大多以常用词为种子词语，多基于8万或十几万的分词底表（我们的底表是40万），本身就缺乏命名实体或术语，而且聚类时又没有特别注重命名实体或术语。但是，在文本处理，如文本检索、文本分类聚类、文本摘要、文本挖掘中，更值得关注的恰恰是那些领域性强的术语或命名实体。

2.3.2.4 种子词举例

我们列出15大类中种子词及其被标引为关键词的文本数，按文本数倒序排列，限于篇幅，每类只列出前40个种子词，见表2-7。

表 2-7　15 大类中种子词及其文本数（1）

房产		时政新闻__国际		时政新闻__国内	
种子词	文本数	种子词	文本数	种子词	文本数
开发商	1 187	伊拉克	9 402	非典	3 247
业主	1 119	美军	5 034	台湾	2 168
房地产	1 082	萨达姆	3 619	香港	1 830
装修	875	美国	3 258	神六	1 371
平方米	718	巴格达	3 072	航天员	1 239
房价	682	布什	2 645	禽流感	1 146
土地	587	朝鲜	2 129	煤矿	1 077
楼盘	575	以色列	2 051	时政	1 056
住宅	547	伊朗	1 825	学生	1 024
房屋	544	爆炸	1 815	北京	973
家具	519	美伊战争	1 684	时政新闻	882
商品房	488	联合国	1 582	春运	818
经济适用房	473	日本	1 456	飞船	797
物业	463	俄罗斯	1 325	企业	793
地产	462	印度	1 166	旅游	752
房产	441	巴基斯坦	1 110	旅客	752
楼市	407	土耳其	958	疫情	737
北京	405	阿富汗	944	爆炸	721
CBD	399	布莱尔	940	医院	717
小区	372	巴勒斯坦	917	要闻	704
别墅	362	小泉	875	新闻	696

（续上表）

教育		经济	
种子词	文本数	种子词	文本数
高考	11 874	大盘	5 894
学生	5 688	美元	2 748
考生	5 630	公司	2 498
考试	4 016	行情	2 084
留学	3 900	反弹	1 742
教育	3 827	股市	1 588
考研	3 686	基金	1 482
大学生	3 457	市场	1 462
高校	3 181	个股	1 343
招生	3 025	股指	1 263
英语	2 769	板块	1 148
大学	2 767	企业	1 109
学校	2 732	银行	1 021
录取	2 710	上市公司	970
试题	2 576	欧元	907
专业	2 297	券商	850
研究生	1 962	股权分置	831
试卷	1 874	人民币	825
就业	1 759	短线	799
校园	1 727	央行	797
新浪网	1 560	下跌	777

（续上表）

房产		时政新闻__国际		时政新闻__国内	
种子词	文本数	种子词	文本数	种子词	文本数
购房	357	欧盟	866	矿难	694
二手房	339	战争	837	民警	689
物业管理	337	叙利亚	732	游客	652
家居	329	禽流感	716	地震	639
贷款	318	地震	700	上海	635
房展会	314	印尼	676	神舟六号	624
小户型	313	导弹	670	事故	613
投资	313	韩国	665	台风	610
写字楼	312	英国	631	发展	607
建筑	293	袭击	617	澳门	601
住房	276	六方会谈	608	无限风暴	585
购房者	270	沙特	606	南京	581
房子	263	普京	606	就业	567
建材	262	安理会	605	民工	562
家装	262	法国	598	学校	554
展会	249	安南	593	广州	552
拆迁	232	菲律宾	592	tom	542
地板	225	基地	589	农民	527
设计	222	鲍威尔	547	建设	525

（续上表）

教育		经济	
种子词	文本数	种子词	文本数
毕业生	1 513	投资	769
老师	1 387	点评	748
求职	1 339	投资者	711
孩子	1 302	震荡	700
数学	1 179	大豆	693
复习	1 143	证监会	650
高招	1 108	股票	646
报名	1 104	资金	613
课程	991	股改	613
家长	897	调整	603
政治	886	香港	595
人才	881	蓝筹股	578
院校	871	美国	571
报考	841	科技股	524
面试	833	上市	514
教师	827	外汇	511
作文	825	该股	494
双语	809	蓝筹	487
签证	807	试点	476

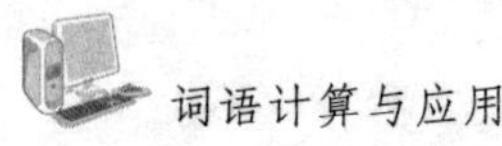

表 2-7　15 大类中种子词及其文本数（2）

时政新闻__军事		科技		旅游	
种子词	文本数	种子词	文本数	种子词	文本数
美军	1 259	手机	8 344	旅游	3 462
伊拉克	1 248	微软	6 790	旅行社	1 336
美国	982	笔记本	4 830	游客	1 315
台湾	852	联想	3 744	香港	788
阿富汗	711	英特尔	3 345	机票	546
以色列	686	IBM	2 828	黄金周	525
导弹	644	3G	2 604	航班	475
萨达姆	641	互联网	2 532	旅客	447
日本	580	用户	2 450	酒店	421
俄罗斯	563	诺基亚	2 327	出境游	410
军事新闻	545	Google	2 302	航空公司	402
印度	496	三星	2 148	西藏	372
布什	440	惠普	2 092	北京	332
台军	406	索尼	2 076	景区	306
朝鲜	405	美元	2 075	五一	303
巴基斯坦	348	病毒	1 913	春节	301
巴格达	310	AMD	1 845	自助旅游	299
演习	307	戴尔	1 805	泰国	278
潜艇	297	公司	1 725	游记	277
战争	284	软件	1 714	线路	275
以军	282	数码相机	1 639	欧洲游	265
巴勒斯坦	276	网络	1 632	海南	263

（续上表）

汽车		时政新闻__社会	
种子词	**文本数**	**种子词**	**文本数**
汽车	13 362	民警	1 336
车型	4 878	男子	1 044
新车	3 336	强奸	1 039
试驾	3 282	抢劫	996
SUV	3 089	学生	734
优惠	2 967	模特	734
降价	2 676	杀人	712
车市	2 260	丈夫	704
北京车展	1 968	孩子	678
奥迪	1 930	卖淫	603
发动机	1 729	王某	565
车展	1 690	女士	564
奇瑞	1 684	诈骗	548
宝马	1 666	李某	527
丰田	1 625	歹徒	526
上市	1 395	警方	521
购车	1 390	医院	510
现车	1 333	美女	510
奔驰	1 309	妻子	507
大众	1 290	大学生	504
现场图	1 264	自杀	498
轿车	1 256	盗窃	479

(续上表)

时政新闻_军事		科技		旅游	
种子词	文本数	种子词	文本数	种子词	文本数
海军	270	联通	1 607	导游	256
台独	258	电信	1 602	上海	255
伊朗	247	摩托罗拉	1 563	飞机	253
拉登	237	芯片	1 474	航线	252
基地	232	处理器	1 429	日本	251
阿拉法特	221	雅虎	1 385	欧洲	232
联合国	218	收购	1 380	韩国	231
战机	212	科技	1 322	九寨沟	230
空军	208	苹果	1 318	温泉	228
士兵	206	MP3	1 283	乘客	223
武器	203	小灵通	1 274	门票	217
爆炸	200	TCL	1 214	澳门	217
飞机	199	企业	1 191	自驾车	216
直升机	195	西门子	1 172	摄影	213
战斗机	194	运营商	1 154	春运	208
塔利班	185	主板	1 141	滑雪	205
恐怖分子	185	索爱	1 117	桂林	198
反恐	185	华为	1 105	博物馆	198

(续上表)

汽车		时政新闻_社会	
种子词	**文本数**	**种子词**	**文本数**
二手车	1 192	张某	466
福特	1 135	学校	441
万元	1 104	小姐	429
交通	1 065	先生	429
车主	1 052	老人	425
MPV	1 006	民工	419
上海大众	1 003	小偷	413
福克斯	1 001	女子	412
马自达	953	司机	405
概念车	950	离婚	402
飞度	924	女儿	387
香车美女	904	性感	380
吉利	895	儿子	374
万辆	894	刘某	370
雅阁	863	老师	370
广州车展	834	少女	364
图片	832	女孩	356
车模	807	车祸	345

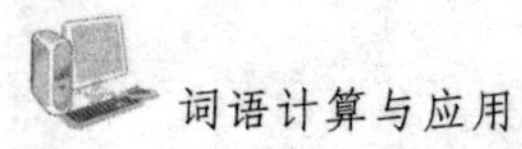

表 2－7　15 大类中种子词及其文本数（3）

生活男女		体育		文艺	
种子词	文本数	种子词	文本数	种子词	文本数
男人	1 414	姚明	7 562	文化	599
情感	1 263	火箭	6 176	艺术	486
女人	950	皇马	5 330	艺术家	319
女性	848	比赛	5 004	文物	316
服饰	807	国家队	4 109	展览	309
两性	584	网球	3 387	电影	278
健康	569	中国队	3 345	毛泽东	271
性爱	561	曼联	2 994	当代艺术	209
白领	537	田径	2 733	油画	192
瘦身	454	国奥	2 521	博物馆	167
减肥	440	足彩	2 461	拍卖	148
柔情	439	女足	2 441	考古	147
写真	386	十运会	2 395	flash	144
性感	375	国足	2 327	建筑	143
美女	372	切尔西	2 324	老照片	140
伤情	368	俱乐部	2 238	雕塑	140
职场	360	湖人	2 197	广东美术馆	136
男性	346	马刺	2 183	画家	135
爱情	341	球队	2 124	遗址	134
美容	331	麦蒂	2 110	书法	127
护肤	322	贝克汉姆	2 018	广告	127
新女报	294	球员	1 985	蒋介石	120

（续上表）

游戏		娱乐	
种子词	文本数	种子词	文本数
游戏	10 086	音乐	1 779
玩家	3 141	娱乐焦点	1 640
下载	1 509	演唱会	1 417
图库	1 371	专辑	1 146
魔兽世界	1 279	歌迷	1 075
魔兽	984	周杰伦	1 049
任务	909	玩乐吧	1 011
壁纸	907	巡演	855
漫画连载	903	电影	791
试玩	900	谢霆锋	786
玩具	897	超女	782
纯情房东俏房客	894	刘德华	752
展会	886	明星	719
WF08	863	玩乐吧巡演	683
小说	817	王菲	681
补丁	802	刘嘉玲	621
PS2	775	梅艳芳	607
美女	742	梁朝伟	566
网络游戏	739	成龙	560
COSPLAY	739	唱片	542
txt 小说下载	736	张柏芝	534
漫画	727	乐队	516

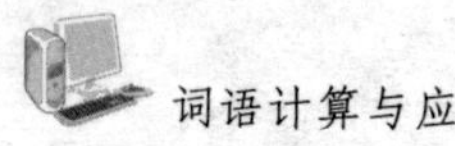

（续上表）

生活男女		体育		文艺	
种子词	文本数	种子词	文本数	种子词	文本数
搭配	278	乒乓球	1 882	宝玉	120
美食	263	科比	1 854	收藏	115
社会	258	刘翔	1 848	摄影	112
明星	258	羽毛球	1 839	绘画	112
性生活	243	球迷	1 791	美术	107
时尚	243	NBA	1 750	皇帝	106
做爱	228	体操	1 742	书画	104
脂肪	222	阿森纳	1 735	国画	104
运动	221	上海申花	1 695	历史	103
婚姻	219	申花	1 680	出土	102
新闻	217	足协	1 668	北京	100
发型	209	大连实德	1 658	漫画	99
速递	204	中超	1 647	展出	97
品牌	197	世锦赛	1 646	林彪	94
彩妆	197	朱广沪	1 634	女人	92
清纯	173	辽足	1 628	年代	90
名品	169	尤文图斯	1 589	日本	88
生活	166	活塞	1 589	女性	88

（续上表）

游戏		娱乐	
种子词	文本数	种子词	文本数
视频	700	章子怡	506
暴雪	700	超级女声	506
在线漫画	677	新专辑	496
PSP	675	李亚鹏	492
wow	654	周迅	470
网络小说	630	张国荣	458
日本	605	歌手	440
传奇	600	布兰妮	438
Xbox360	585	张艺谋	428
A3	584	票房	426
网游	573	蔡依林	409
动画	572	赵薇	404
照片	561	影片	401
反恐精英	532	容祖儿	387
CG	531	导演	383
CS	522	港姐	378
技能	518	剧组	376
现代都市	514	演出	370

对于244个层级小类，表2－8举例列出“科技”类中“科技__电脑__软件、科技__电脑__硬件、科技__数码__视频、科技__电信通讯、科技__科普生活__航空航天”层级小类中各自的前40个种子词。

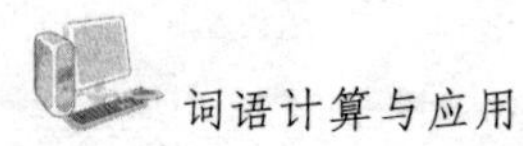

表 2－8　15 层级小类种子词及其文本数

科技__电脑__软件		科技__电脑__硬件		科技__数码__视频	
种子词	文本数	种子词	文本数	种子词	文本数
微软	6 790	笔记本	4 830	索尼	2 076
软件	1 714	英特尔	3 345	数码相机	1 639
Windows	707	IBM	2 828	DC	866
Photoshop	634	三星	2 148	佳能	633
Vista	632	惠普	2 092	柯达	480
视频	594	AMD	1 845	百万像素	380
Sun	528	芯片	1 474	智能	375
应用	412	处理器	1 429	掌上电脑	299
操作系统	412	主板	1 141	尼康	294
信息化	383	产品	1 090	DV	286
盗版	337	笔记本电脑	1 050	相机	285
系统	321	显卡	1 032	像素	280
浏览器	298	硬盘	1 013	富士	257
终端	284	服务器	911	拍摄	254
图片	273	Intel	901	数码摄像机	241
用友	264	东芝	784	奥林巴斯	217
金蝶	264	内存	782	机顶盒	207
ERP	255	宽带	773	PDA	204
SAP	245	液晶	755	广电	184
亚马逊	216	LG	746	数字	181
安全漏洞	211	华硕	734	紫光	169

（续上表）

科技__电信通讯		科技__科普生活__航空航天	
种子词	文本数	种子词	文本数
手机	8 344	火星	868
3G	2 604	地球	695
诺基亚	2 327	航天	618
联通	1 607	卫星	575
电信	1 602	宇宙	476
摩托罗拉	1 563	探月	461
小灵通	1 274	发射	404
西门子	1 172	天文	401
运营商	1 154	太空	389
索爱	1 117	宇航员	387
华为	1 105	月球	382
网通	1 021	航天飞机	378
业务	946	航空	358
短信	919	访谈	329
中国电信	838	神六	320
移动	830	航天员	281
中国移动	771	神舟	269
TD－SCDMA	707	发现号	260
IPTV	702	飞船	257
信产部	699	嫦娥一号	231
CDMA	631	NASA	217

（续上表）

科技__电脑__软件		科技__电脑__硬件		科技__数码__视频	
种子词	文本数	种子词	文本数	种子词	文本数
Office	208	服务	731	黄宏生	164
Longhorn	208	飞利浦	693	市场份额	162
政府采购	204	DVD	679	Palm	159
Word	199	CPU	670	机卡分离	151
Flash	188	明基	659	新机	143
平台	184	专利	577	央视	138
MP4	182	标准	570	屏幕	135
单击	178	液晶电视	561	召回	122
Windows XP	178	半导体	547	广电总局	117
数据	176	显示器	544	卡西欧	117
电子政务	172	NEC	499	内容	109
摄像头	168	导购	484	商务	109
Java	160	芯片组	469	该机	108
格式	159	接口	448	转型	105
网页	154	网络电视	440	模式	101
国际化	152	价格	418	行货	101
Novell	152	迅驰	394	翻盖	100
CA	150	液晶显示器	375	产业链	98
设置	148	HP	367	影像	97

（续上表）

科技__电信通讯		科技__科普生活__航空航天	
种子词	**文本数**	**种子词**	**文本数**
通信	530	探测器	191
国产手机	509	国际空间站	184
中移动	508	行星	180
爱立信	506	彗星	173
TD	496	“勇气”号	156
中国联通	489	神舟六号	149
智能手机	460	火箭	146
高通	459	恒星	143
UT斯达康	457	俄罗斯	137
消费者	434	太阳系	132
iPhone	422	生命	128
牌照	395	空间站	125
中兴通讯	394	太阳	120
铁通	378	观测	115
索尼爱立信	378	小行星	114
波导	374	天文学家	112
阿尔卡特	350	杨利伟	110
3G牌照	345	勇气号	104
中兴	345	土星	103

2.3.3 在大规模分类语料库中聚类词语

利用上文提到的关键词自动标引的算法在大规模语料库中进行词语聚类。

在文本自动分类中，关键的一个技术是特征提取。特征提取的步骤包括词语切分、词频统计、加权计算和特征选择（二者通常结合在一起进行）。经过权重计算和特征选择后，就能生成文本类别的核心向量，这些向量中的特征词可以认为是能代表该类文本特征的类别领域词。

但是，这里特征提取的对象是限定于某一大类中的已经标引为某关键词的一系列的文档集合，而非某一类别的文档集合。例如，在“房产”类中，标引为“玻璃”关键词的文档集合为234篇，我们就在这234篇文档中利用上文提到的关键词特征提取算法进行特征提取。

选择只在某一大类中而非所有文档集中进行特征提取，主要是考虑聚类是在同质的语料库中进行的，降低了相似度计算的结果噪音。

例如，“病毒”一词同时会在“科技_IT互联网_网络_安全、时政新闻_国内、时政新闻_国际、时政新闻_社会、教育_教改、时政新闻_军事_国外军事”等多个类的文档中被标引为关键词，但显然，它们的语义联系还是有一些差距的。表2-9是它们的比较情况（各取前20个词语）。

表2-9 “病毒”在6个类中的聚类词语比较（1）

科技_IT互联网_网络_安全	时政新闻_国内	时政新闻_国际
病毒	病毒	病毒
计算机	国家计算机病毒应急处理中心	西尼罗

（续上表）

科技_IT 互联网_网络_安全	时政新闻_国内	时政新闻_国际
熊猫烧香	荧光探针	西尼罗病毒
反病毒	计算机	神秘病毒
蠕虫	贝革热	西尼罗河病毒
瑞星	计算机病毒	病毒感染
蠕虫病毒	冠状病毒	MyDoom
杀毒软件	全球网	埃波拉
变种	肠病毒	电脑病毒
Sobig	病毒感染	微软视窗
熊猫软件	蠕虫王	西尼罗热
江民	全基因组	《自然》
反病毒专家	蠕虫病毒	反病毒
Sobig. F	甲 3 型	MYDOOM. B
新病毒	键值	大无极
国家计算机病毒 应急处理中心	挪威客	班头
计算机病毒	脊髓灰质炎	禽流感病毒
MyDoom. B	荷尔姆斯	悬赏捉拿
SoBig	疾病预防控制中心	西尼罗河
Nachi	恶鹰	生物实验室
变种 F	翼手目	漱口

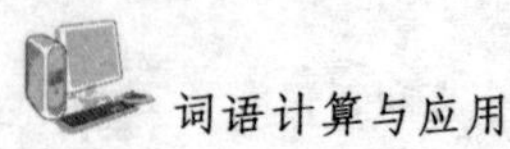

表 2-9　“病毒”在 6 个类中的聚类词语比较（2）

时政新闻_社会	教育_教改	时政新闻_军事_国外军事
棉铃虫	病毒	病毒
病毒	震荡波	prions
计算机	西尼罗河病毒	prion
病毒预报	泄题	炭疽热
人工透析	文档	签证系统
戊肝	试卷	Prion
河狸	卡比尔	生物战
EB	反病毒专家	计算机
致命病毒	病毒感染	计算机病毒
大病毒	就业指导	计算机系统
狐蝠	计算机	美英专家
埃博拉病毒	Excel	中国军方
木马病毒	手机病毒	西尼罗河病毒
易趣	病毒作者	埃博拉
果子狸	陈盈豪	西尼罗河
型材	宏病毒	外军
DL	OutLook	炭疽热事件
变种	灵长类动物	基因序列
诺瓦克	英语四级	恐怖嫌疑人
cn	卢林	天花病毒
冻土带	试题	气溶胶

显然，将聚类范围限定于某一类中能很好地区分词语的多个义项。推而广之，我们还可以用此方法来自动发现词语的多个义项，并进行多义项的消歧。

2.3.4 聚类词语集成

2.3.4.1 多类别映射

我们最终完成了5万个种子词的词语聚类词表的自动构建。由于聚类是在15大类中各自进行的，因此，有些种子词可能出现于多个大类中，并最终映射到具体的层级小类中。例如，“交通”种子词，就属于“房产_城市建设_交通、汽车_汽车新闻、旅游_黄金周、时政新闻_国内、时政新闻_社会、经济_消费理财_消费生活、教育_考试培训_职业技能_国家公务员考试、时政新闻_国际、科技_科普生活”等9个层级小类。

我们这一步的工作就是将种子词在多个类中的聚类词表中进行合成，当用户检索某种子词时，系统自动返回该种子词在不同类中的聚类词语表，而且根据种子词归属于各类的归属度将类由高到低排列。例如，“接吻”种子词，按照其归属于各类的归属度，从高到低依次属于“生活男女_两性迷情、时政新闻_社会、教育_性及教育、文艺_艺术、时政新闻_国际、科技_科普生活_艾滋、旅游_主题旅游_蜜月旅游”，这一结果也和我们的语感基本一致。

种子词归属于各类的归属度是自动进行的，方法如下：

如果种子词在几个类中都有，利用文本分类的向量空间模型算法计算种子词的特征向量和这几个类的特征向量之间的相似度，按照相似度从高到低排列即可。文本分类的向量空间模型算法参见后文的介绍。

种子词及其对应的多类别排序举例如下：

（1）门票。

旅游_旅游信息、娱乐_音乐_欧美、体育_运动会_奥运会、时政新闻_国内、汽车_F1 车赛、经济_消费理财_消费生活、科技_科普生活、游戏_网络游戏_业界新闻、时政新闻_社会。

（2）蒙古。

文艺_民俗风情、旅游_都市周末、时政新闻_国际、时政新闻_军事_海峡两岸、时政新闻_国内、科技_科普生活、体育_射击。

（3）免费。

科技_IT 互联网_网络_浏览上网、时政新闻_国内、游戏_网络游戏_游戏活动、教育_贫困生、时政新闻_社会、汽车_汽车新闻、旅游_都市周末。

（4）民间。

文艺_民俗风情、旅游_旅游节庆、时政新闻_国内、科技_创业投资、经济_证券资讯_邮币收藏、时政新闻_社会。

（5）民警。

时政新闻_社会、时政新闻_国内、汽车_汽车文化、教育_性及教育、旅游_休闲旅游、科技_IT 互联网_互联生活。

（6）模特。

生活男女_明星写真、时政新闻_社会、娱乐_星闻_日韩、汽车_汽车文化、文艺_艺术、时政新闻_国际、体育_花花体坛、旅游_摄影、教育_考试培训_职业技能_EMBA 专业学位教育、游戏_网络游戏_业界新闻。

（7）索尼。

科技_数码_视频_相机、游戏_游戏新闻_硬件新闻、经济_产业经营_企业新闻、娱乐_星闻_华语。

（8）物业公司。

房产__投诉与维权、时政新闻__社会、时政新闻__国内、经济__消费理财__投诉维权、汽车__汽车文化。

（9）线路。

旅游__旅游信息、时政新闻__国内、房产__城市建设__交通、汽车__用车修车、科技__电脑__硬件__网络设备、时政新闻__社会、经济__消费理财__消费生活。

（10）战斗。

游戏__网络游戏__游戏介绍、时政新闻__军事__国外军事、时政新闻__国际__伊拉克专题、时政新闻__国内、科技__科普生活__航空航天。

2.3.4.2 种子词之间的相似度计算

对于5万个种子词条，我们进行了种子词之间的相似度计算，试图将这些种子词语在词形上联系起来。

计算方法采用VSM相似度的夹角余弦公式：

$$\mathrm{Sim}(d_i, d_j) = \frac{\sum_{k=1}^{M} W_{ik} \times W_{jk}}{\sqrt{\left(\sum_{k=1}^{M} W_{ik}^2\right)\left(\sum_{k=1}^{M} W_{jk}^2\right)}}$$

以词语中的字为计算的特征项，计算每一种子词和其余5万个种子词之间的相似度，取相似度大于或等于0.6以上的种子词作为其相关词语。

种子词及其相关词语举例如下：

（1）美女。

欧美美女、美少女、美国女、美女图片、美国女排、香车美女、美国女足、美女广告、日本美女、CS美女、美、美女代言、游戏美女、人造美女、变性美女、泳装美女、美女主播、东方美女、美女餐厅、性感美女、汽车美女、美女总理、第一美女、展台美女、绝色美女、美美、赛车美女、电竞美女、十大美女、靓丽美女、体操美女、美少女游戏、美少女战士、比基尼美女、青春美少女。

（2）手机。

二手手机、手写手机、手机商、二手机、手机号、手机版、假手机、大手机、打手机、手机卡、黑手机、手机业、新手机、手机报、偷手机、热门手机、手机游戏、高端手机、照相手机、手机行业、康佳手机、日系手机、概念手机、手机定位、国产手机、波导手机、手机业务、滑盖手机、手机网络、手机广告、手机销售、手机需求、直板手机、手机导航、手机服务、手机牌照、手机生产、3G 手机、手机病毒、黑莓手机、电视手机、手机铃声、品牌手机、手机导购、海尔手机、TD 手机、手机市场、手机偷拍、折叠手机、手机钱包、手机质量、手机出口、新款手机、苹果手机、水货手机、长虹手机、手机平台、手机新闻、绿色手机、三星手机、贴牌手机、手机厂商、中兴手机、情侣手机、手机应用、手机报纸、时尚手机、手机渠道、手机部门、手机产能、熊猫手机、手机产量、手机号码、手机设计、音乐手机、超薄手机、手机电视、手机巨头、LG 手机、商务手机、手机补贴、手机企业、手机芯片、手机品牌、智能手机、手机信号、手机产品、影像手机、中国手机、手机短信、彩信手机、儿童手机、手机报价、手机出货、手机软件、手机电池、彩屏手机、手机下载、手机搜索、手机网游、导航手机、蓝牙手机、手机降价、联想手机、韩国手机、手机卖场、翻盖手机、手机配件、手机销量、旗舰手机、手机资费、手机辐射、双模手机、手机上网、全球手机、超值手机、拍照手机、女性手机、手机支付、光能手机、创维手机、摄像手机、低端手机、手机用户、游戏手机、黑白手机、手机产业、手机价格、低价手机、定制手机、手机评测、手机银行、三菱手机、MP3 手机、手机漫游费、

NEC手机、诺基亚手机、手机充电器、手机制造商、小灵通手机、手机实名制、多媒体手机、迪比特手机、GPS手机、手机休息站、黑白屏手机、触摸屏手机、手机出货量、GSM手机、TCL手机、DMB手机、PDA手机、超低价手机、西门子手机、可拍照手机。

(3) 金融。

金融股、金融界、金融学、金融业、金融街、金融体系、金融资产、金融危机、民间金融、金融监管、金融市场、金融中心、农村金融、金融机构、汽车金融、金融改革、中国金融、金融板块、金融公司、金融时报、金融企业、金融稳定、金融创新、金融风险。

(4) 电脑。

电脑报、脑电波、电脑城、电脑节、买电脑、海尔电脑、长城电脑、平板电脑、电脑市场、戴尔电脑、电脑导购、电脑新闻、关联电脑、掌上电脑、神舟电脑、超级电脑、电脑厂商、龙芯电脑、浪潮电脑、二手电脑、商用电脑、台式电脑、七喜电脑、家用电脑、苹果电脑、电脑游戏、品牌电脑、同方电脑、个人电脑、脑、电脑配件、实达电脑、紫光电脑、恒生电脑、液晶电脑、电脑业务、华硕电脑、低价电脑、手提电脑、电脑安全、联想电脑、电脑病毒、笔记本电脑、TCL电脑。

(5) 联盟。

大联盟、联盟杯、联盟号、南联盟、技术联盟、战略联盟、职业联盟、TD联盟、网络联盟、民主联盟、6C联盟、3C联盟、鹰派联盟、价格联盟、产业联盟、非洲联盟、北方联盟、欧洲联盟杯、女足大联盟、美国大联盟。

(6) 家电。

家电业、小家电、家用电脑、废旧家电、白色家电、永乐家电、家电连锁、信息家电、家电维修、家电企业、中国家电、家用电器、家电产品、国家电网、家电行业、家电卖场、数字家电、家电市场、网络家电、家电厂商、家电业务。

（7）生物。

生物圈、微生物、生物钟、生物学、古生物、野生动物、天生尤物、生物科技、海洋生物、生物技术、生物武器、有害生物、健特生物、生物学家、生物医药、原质体生物、古生物化石、野生动物园。

（8）公办。

办公、办公厅、办公楼、办公室、公公、公办学校、移动办公、办公软件、办公室恋情、招生办公室。

（9）联想。

新联想、联想亚信、联想天逸、联想手机、联想电脑、联想网御、联想扬天、联想移动、联想集团、联想中国、联想昭阳、联想投资、联想旭日、联想控股、联想服务器、联想笔记本。

（10）质量。

质量安全、汽车质量、质量检验、生活质量、住宅质量、质量问题、质量检测、教学质量、手机质量、质量效应、空气质量、工程质量。

（11）电信业务。

电信业、电信增值业务、增值电信业务、电信服务、电信产业、电视业务、短信业务、电信行业、电脑业务、通信业务、电信企业、家电业务、业务、电信、中国电信业、电信业重组、电子信息产业。

2.3.4.3　合成后的词语聚类示例

合成后的聚类词语示例如下（每类只列出前20个词条）：

（1）种子词语：建设用地。

相关词语：建设、用地。

房产__城市建设__工程建筑：建设用地、闲置土地、土地利

用、用地审批、用地、国土资源部、房地产项目、用地供应、土地、城市建设用地、土地使用权、集体土地、物权法、供地、出让、房地产开发、烂尾地、使用权、土地收益、周建、土地管理。

时政新闻_国内：建设用地、地役权、法律规定、使用权、不动产、质权、续期、公共利益、提起诉讼、物权、物权法草案、动产、质量安全、抵押权、集体所有、土地、附属设施、农地、集体土地、物权法、宅基地。

(2) 种子词语：污染。

相关词语：污染物、水污染、污染带、污染防治、污染事故、室内污染、装修污染、空气污染、松花江污染。

房产_家居家装_家装家饰：室内环境、室内空气、当量浓度、装修污染、污染、室内污染、家装、室内环境污染、核素、室内装修、甲醛、氡气、居室、生物污染、水源保护区、奥运工程、室内、中国室内装饰协会、照度、扬尘、涂剂。

时政新闻_国内：硝基苯、化学废水、污染、颗粒物、禁燃区、污染带、国家环保总局、硫酸污染、松花江、芙蓉江、松花江污染、污染事故、异地排污、白洋淀、禁燃、总磷、柳荫公园、排放、近岸、复合肥料、饮水源。

汽车_用车修车：单双号、车内空气、车内污染、气门、高污染、汽车尾气、数据解析、空调、车内空气污染、污染、治污染、尾气污染、美国卫星、一氧化二氮、车内、分担者、室内空气、排放标准、汽车、排气、新车。

科技_科普生活：腹足类、小龙虾、灰霾、大马哈鱼、海事组织、雌雄异体、PCB、污染、急性鼻炎、废旧电池、重度污染、石龙坝、虫病、鸭绿江口、海洋污染、昆玉河、藤壶、乔治王岛、辽东湾、畸变、对硫磷。

时政新闻_社会：弱智女、肠球菌、中条山有色金属公司、蓝墨水、污染、滇池、光化学烟雾、生活污水、湖泊、悬浮颗粒物、黄磷、乳腺增生、灰霾、女高中生、天青、城市噪音、噪音、吵死、噪声污染、枕叶、中州。

时政新闻_国际：威望号、贫铀、污染、中国石油、联合国环境署、二噁英、瘟猪、云朵、核废料、油污染、兰州石化、被宰、尾气污染、美国加州、氯酸盐、油轮、核电站、卡米拉、二氧、京都议定书、水禽。

(3) 种子词语：诈骗。

相关词语：诈骗团伙、骗、短信诈骗、网络诈骗。

时政新闻_社会：诈骗、被骗、刘某、李某、小芹、浴足液、黄胜、骗子、骗色、张某、劳务诈骗、蜂疗、代售员、王水、行骗、女能人、桑拿女、婚介所、狂骗、少妇杀手、陆军学院。

国内新闻：诈骗、郭萍、尼森、杨念红、祖德、曾厝、被骗、徐继兰、蜂疗、胡志标、野鸡大学、中断器、爱多、LT、李某、中国邮储、王炬、诈骗罪、王铁林、诈骗案、星火计划。

经济_消费理财_投诉维权：兰州黑股市案、新国大、诈骗、国洪起、会虫、青海明胶、菲菲农业、徐继兰、民企融资、合同诈骗、张国、富春、腾达影业、兴家、兴亚、证券黑市、广东证券、国际卡、金融诈骗、靳树增、银鹰。

时政新闻_国际：诈骗、金融骗子、沙特公主、被骗、诈骗团伙、假信用卡、格雷格、盗户、取款机、哈尔、金融诈骗案、会计师事务所、莱顿、多尔、副行长、曼德拉、哈里曼、赝品、加的夫、自动取款机、比利亚。

科技_IT 互联网_互联生活：诈骗、手机诈骗、谷歌、短信诈骗、搜索营销、吴某、网络钓鱼、信诈骗案、网络诈骗、王某、恶意透支、诈骗团伙、诈骗活动、网上购物、厦门市公安局、e-mail、警方提醒、受害人、专项行动、被骗、eBay。

教育__高考：仿真手机、诈骗、刘某、李遂、高考试题、文辉、高考、监考员、老李、网上诈骗、高招办、考生家长、被骗、高招、教育部考试中心、招生、试卷、高校学生、西财、招生诈骗、诈骗活动。

汽车__汽车文化：碰瓷、诈骗、撞车、碰瓷儿、购车、提起诉讼、首付款、汽车销售、汽车经销商、郭某、提车、本田、王某、李某、交警部门、外地车、当铺、凌志、分期付款、川岛、骗进。

（4）种子词语：病毒。

相关词语：防病毒、肠病毒、反病毒、大病毒、新病毒、艾滋病病毒、病毒变种、病毒作者、手机病毒、网络病毒、电脑病毒、病、邮件病毒、病毒预报、病毒软件、非典病毒、木马病毒、蠕虫病毒、艾滋病毒、流感病毒、冠状病毒、艾滋病病毒感染者、禽流感病毒、反病毒专家、MSN 病毒、反病毒软件、计算机病毒。

科技__IT 互联网__网络__安全：病毒、计算机、熊猫烧香、反病毒、蠕虫、瑞星、蠕虫病毒、杀毒软件、变种、Sobig、熊猫软件、江民、反病毒专家、Sobig. F、新病毒、国家计算机病毒应急处理中心、计算机病毒、MyDoom. B、SoBig、Nachi、变种 F。

时政新闻__国内：病毒、国家计算机病毒应急处理中心、荧光探针、计算机、贝革热、计算机病毒、冠状病毒、全球网、肠病毒、病毒感染、蠕虫王、全基因组、蠕虫病毒、甲 3 型、键值、挪威客、脊髓灰质炎、荷尔姆斯、疾病预防控制中心、恶鹰、翼手目。

时政新闻__国际：病毒、西尼罗、西尼罗病毒、神秘病毒、西尼罗河病毒、病毒感染、MyDoom、埃波拉、电脑病毒、微软视窗、西尼罗热、《自然》、反病毒、MYDOOM. B、大无极、班头、禽流感病毒、悬赏捉拿、西尼罗河、生物实验室、漱口。

时政新闻_社会：棉铃虫、病毒、计算机、病毒预报、人工透析、戊肝、河狸、EB、致命病毒、大病毒、狐蝠、埃博拉病毒、木马病毒、易趣、果子狸、型材、DL、变种、诺瓦克、cn、冻土带。

教育_教改：病毒、震荡波、西尼罗河病毒、泄题、文档、试卷、卡比尔、反病毒专家、病毒感染、就业指导、计算机、Excel、手机病毒、病毒作者、陈盈豪、宏病毒、OutLook、灵长类动物、英语四级、卢林、试题。

时政新闻_军事_国外军事：病毒、prions、prion、炭疽热、签证系统、Prion、生物战、计算机、计算机病毒、计算机系统、美英专家、中国军方、西尼罗河病毒、埃博拉、西尼罗河、外军、炭疽热事件、基因序列、恐怖嫌疑人、天花病毒、气溶胶。

2.3.5 算法实现

算法具体步骤如下：

（1）关键词自动标引。利用关键词自动标引算法为每一篇文档自动标引上关键词。

（2）利用文本分类的特征提取算法，为每一大类统计出该类的特征向量。

（3）聚类种子词语选取。选取某类中多于20篇文章的标引关键词作为种子词语，同时利用该类的特征向量词表过滤。

（4）在大规模分类语料中聚类词语：

第一步，双向最大切分。同时识别出底表中没有的数字字母词。

第二步，统计词次。统计时根据位置加权，加权时文本长度会对加权因子产生影响。对关键字、标题加权时，应该动态加权，即按文章正文词数动态调整加权系数。标题加权底数为2，

关键字加权底数为3，正文词数按500字分级，每增加一级，在原来系数上相应加1。最终词次统计公式如下：

$$F_w = \Sigma F_{wz} + (3+\lambda)\Sigma F_{wg} + (2+\lambda)\Sigma F_{wb}$$

其中，ΣF_{wz}表示词w在正文中的计数，ΣF_{wb}表示词w在标题中的计数，ΣF_{wg}表示词w在关键词中的计数，$\lambda = \Sigma F_w/200$（整除）。

第三步，权重计算。按照公式二计算每个种子词在分类语料中标注为该种子词的文档集的权重。

第四步，特征选择。通过观察提取结果，根据不同类别的具体情况设定不同的阈值，约为3.5到5.5之间。

（5）聚类词语合成。

2.3.6 实验结果和分析

2.3.6.1 聚类词表示例①

利用上述算法，我们在150万篇网页中自动获得聚类词表共5万余个，下面列出聚类词表示例：

（1）“经济”类中“保险”关键词聚类词表前100个词语（$n=3$，文本数=235，文本数只标引了该关键词的文本数量，下同）见表2－10。

表2－10 “经济”类中“保险”关键词聚类词表

保险资金	农业保险	地下保单	直接入市	保监会
蹇宏	吴定富	保险公司	新华人寿	投连险
境外保险	寿险	分红险	团险	寿险公司

① 聚类词表下载地址：http：//www.languagetech.cn/download.aspx。

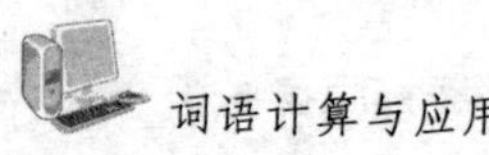

（续上表）

保险	学生险	信诚人寿	农险公司	封闭式基金
航空保单	保险第一股	保险产品	保险业	少儿险
太平人寿	重庆气矿井喷	唐运祥	中美大都会	银保
寿险商	利差损	国有保险公司	存款保险制度	保费收入
保单	中国保监会	体育保险	偿付能力	企业债券
中意人寿	中国人寿	车贷险	郝演苏	人保上市
王宪章	保险市场	航意险	人保财险公司	存款保险
中英人寿	中国人保	医疗互助合作保险	保险资产管理	高风险运动
再保险	人保	人保财险	琴瑟失调	封转开
公共责任保险	保费	汽车召回险	投保人	投保
投资联结保险	意外险	险种	精算师	健康险
人寿	养老险	企业债	资产管理公司	张庆恩
保监局	保险合同	太太药业	被保险人	保险理财
中国再保险	承保	酒后驾车险	农业险	股改
保险条款	记者险	张维功	混业	安信
投资渠道	房贷险	平安保险	工银亚洲	财险
AIG	人寿保险	屠光绍	赔付率	产险

（2）“经济”类中“银行卡”关键词聚类词表前100个词语（$n=3$，文本数=61）见表2-11。

表 2－11 “经济”类中“银行卡”关键词聚类词表

银行卡	机具业	借记卡	冯炜权	外国银行卡
磁条卡	万事达	睡眠卡	收单	银联
农行	发卡	芯片卡	金穗借记卡	银行收费
智能卡	退卡	跨行取款	双币卡	人民币信用卡
中国银联	手续费	贷记卡	跨行交易	牡丹灵通卡
股份制银行	银行密码	刷卡消费	持卡人	费率
银行服务	联名信用卡	两极分化	工行	跨行
深发	中银香港	刷卡	四大行	hk
牡丹交通卡	巴斯比	储户	金融犯罪	外资银行
合生	商户	免费午餐	存折	总行
人民币卡	银监会	财经	银行	永乐家电
万事达卡	双币信用卡	央行	银通	国际卡
每笔	内地银行	人民币业务	持卡	ATM
存款人	银联卡	代理行	工资卡	建行
车船税	霸王条款	金穗卡	透支免息	实地测试
背签	珠江地产	NCR	宜家家居	分行
价格管理	国美电器	车贷	广发行	爱娜
收益分配	香港购物	跨行转账	办卡	民生银行
信用卡	中小银行	取款	少扣	金融衍生品
国有银行	中国农业银行	中消协	收费	结算

（3）“国内新闻”类中“春运”关键词聚类词表前 100 个词语（$n=3$，文本数 =819）见表 2－12。

表 2-12 “国内新闻”类中“春运”关键词聚类词表

春运	客流	旅客	临客	客流高峰
北京春运	广东春运	售票窗口	运力	人次
车票	火车票	广州站	售票	客车
北京铁路分局	广州火车站	铁路	客运	超员
开行	加开	广铁	买票难	北京铁路
客运站	候车	售票点	增开	返乡
车次	购票	北京西站	重庆火车站	春运临客
硬座	候车室	票价	短途	车匪路霸
民工	广西春运	公路客运	交通安全	民航
硬卧	票贩子	上浮	客流量	旅客列车
疏运	铁道部	客票	包车	票额
查堵	客运高峰	发送	群死群伤	预售
火车站	全路	团体票	武汉铁路分局	客位
青年志愿者	省际	售票大厅	列车	驾驶员
特大交通事故	铁路分局	汽车站	班次	出港
机票	车辆	郑州机场	郑州铁路局	交警
订票	违章	直通	北京铁路局	站台票
超载	铁路客票	疲劳驾驶	出行	售票处
运能	客运量	车站	驾证	航班
北京站	白云机场	乘警	浙江春运	航线

（4）“汽车”类中“轮胎”关键词聚类词表前 100 个词语（$n=3$，文本数 =196）见表 2-13。

表 2－13 “汽车”类中“轮胎”关键词聚类词表

轮胎	胎压	爆胎	磨损	胎面
米其林	普利司通	气压	磨耗	鼓包
帘布	轮辋	R28	屈挠	前轮
佳安	四轮定位	气门嘴	必比登	回力
辛烷值	省油	子午线	补胎	跑偏
固特异	行驶	爱车	驾驶盘	轮胎橡胶
备胎	轮圈	宽胎	普利司通	凸缘
耗油量	车轮	车胎	子午胎	气胎
轮毂	斜交	外倾	急救法	黏度
换胎	倍耐力	拱度	车主	驾驶习惯
纹沟	FIA	下臂	漆面	行车
制动	贴膜	防冻液	斑秃	刹车
汽车	地力	动平衡	保养	阳谋
车况	联轴节	倾角	帘子布	气压表
迈凯轮	内径	下毛毛雨	保险丝	外胎
放气	摩擦力	刺孔	法拉利	机油
摆臂	轮胎壁	侧标	载重车	内胎
轻卡	漏气	侧向力	损量	减振
摩擦力	使用寿命	换位	GLX	压强
养护	易滑	抗冻	养车	保险盒

（5）“科技”类中“病毒”关键词聚类词表前 100 个词语（$n=3$，文本数 =660）见表 2－14。

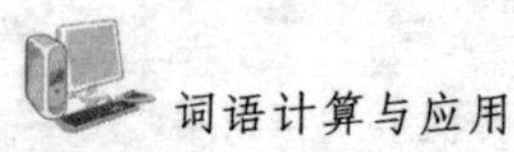

表 2-14 “科技”类中“病毒”关键词聚类词表

病毒	熊猫软件	反病毒	蠕虫	蠕虫病毒
RPC	瑞星	变种	Mydoom	陈盈豪
计算机病毒	CIH	Sobig	江民	专杀工具
邮件病毒	大无极	震荡波	杀毒软件	Netsky
MyDoom	Sobig. F	网络天空	冲击波	Mydoom. A
国家计算机病毒应急处理中心	蠕虫王	冲击波病毒	Bagle	MyDoom. B
恶性病毒	SoBig	Nachi	红色代码	变种 F
莫国防	冲击波杀手	小邮差	宏病毒	Sobig. E
电脑病毒	尼姆达	Bugbear. B	窥探者	Trend Micro
微软漏洞	Doomjuice. A	网络病毒	补丁程序	Panda ActiveScan
Mydoom. B	冲突波	MessageLabs	怪物Ⅱ	IRC
恶意代码	补丁	武汉男生	Netsky. C	Sophos
Sober	Blaster	Welchia	I-Worm/Blaster	邮件
msblast. exe	MSN	F-Secure	程天宇	在线杀毒
NetSky	杀毒	端口	MyDoom. A	爱情后门
Diebold	TCP	微软网站	垃圾邮件	病毒库
Mimail	木马病毒	Msblast. exe	美女杀手	McAfee
红色结束符	恶鹰Ⅱ	霸王虫	MyDoom. b	注册表
CurrentVersion	Windows	邮件分割	聊毒	攻击远端
中蓝韩锐	键值	用户	Slammer	特洛伊木马

（6）“科技”类中“芯片”关键词聚类词表前 100 个词语（$n=3$，文本数=511）见表2-15。

表2-15 “科技”类中“芯片”关键词聚类词表

芯片	英特尔	芯片业	SIA	华夏网芯
芯片产业	AMD	和舰	华虹 NEC	芯片制造
芯片厂商	半导体	中芯国际	芯片厂	芯片工厂
德州仪器	闪存芯片	台积电	PowerPC	联电
华润上华	英飞凌	G5	SEMI	THUMP
张汝京	TI	中国芯	处理器	中芯
半导体产业	Deerfield	Prescott	R350	集成电路
星光五号	电脑芯片	RV350	Tanglewood	NAND
Cell	奔腾4	高通	汉芯三号	半导体产业协会
强芯	Itanium	Hynix	Rambus	闪存盘
多媒体芯片	IBM	Opteron	Broadcom	安凯开曼
封装	微处理器	IC	移动芯片	手机芯片
Itanium 2	闪存	UMC	VLSI	半导体公司
DRAM	Intel	微米	半导体芯片	迅驰
代工	国产芯片	微芯片	汉芯一号	中星微
Infineon	Bulverde	赛扬	安腾芯片	数字信号处理器
内存	华虹	西部海湾	电视盒	意法半导体
Sandisk	Xeon	iSuppli	存储芯片	DSP

（续上表）

奔腾 M	Pentium M	芯片退税	Elpida	先进半导体公司
芯片组	德仪	DLP	处理器芯片	汉芯

（7）“房产”类中“木地板”关键词聚类词表前100个词语（$n=3$，文本数=93）见表2－16。

表2－16　“房产”类中“木地板”关键词聚类词表

木地板	地板	复合地板	强化木地板	实木
含水	耐磨	地板装修	面层	地板蜡
软木	地板缝	基材	地彩	板铺
脚感	柚木	强化地板	龙骨	板面
锁扣	开裂	坯料	虫眼	三氧化二铝
木豆	水曲柳	漆面	防潮	地面材料
返潮	无缝	铺地板	上漆	甲醛
耐磨性	装修队	节疤	树种	伸缩缝
硅藻土	刷漆	装饰材料	板材	木材
色差	铺设	装修材料	打蜡	装修
腻子	防潮层	瓷砖	转数	巴豆
欧典	木制品	缝隙	虫蛀	桦木
硬质纤维板	防潮膜	菠萝	地热	家庭装修
踢脚	木纹	虫子	干燥	枫木
中密度纤维板	复合	加色	施工方法	水泥砂浆

（续上表）

建材市场	拼花	木工板	浸渍	紫罗
热胀冷缩	保养	上蜡	脱脂剂	室内装修
柞木	花梨木	试件	板缝	建材
优等品	软木塞	石材	五劣板	橡木
地热采暖	花梨	特价品	死节	生物污染

（8）“国际新闻”类中“恐怖袭击”关键词聚类词表前100个词语（$n=3$，文本数 =200）见表2－17。

表2－17 “国际新闻”类中“恐怖袭击”关键词聚类词表

恐怖袭击	恐怖警戒	生化工厂	“基地”组织	洛克比空难
珍珠港海军基地	恐怖警报	恐怖分子	杜塞尔多夫机场	伊斯兰祈祷团
新恐怖袭击	伊拉克驻日使馆	恐怖袭击演习	袭击目标	FBI
沙特	袭击	恐怖袭击事件	冈比亚	恐怖威胁
马尼拉机场	袭击警告	汉巴里	卡萨布兰卡	海湾美军
东南亚海域	坚尼路	美国公民	比萨斜塔	投机市场
全国安全警戒级别	反恐	基地组织	反恐计划	9·11

（续上表）

哈立德	旅行警告	攻击演习	印度尼西亚中央银行	火焰切割
虔诚军	原子能机构	利比亚	吉布提	哈里德
极端组织	赛义夫	马六甲海峡	美国务院	袭击美国
中国日报	警察总长	雅加达	反恐专家	防恐
警戒	国土安全部	巴基斯坦警方	美国联邦调查局	恐怖预警级别
穆罕默德	恐怖组织	纽约警方	特工	报复袭击
国土安全	防恐怖	约旦使馆	联邦调查局	袭击事件
穆斯林	恐怖	什叶派穆斯林	美国海岸警卫队	恐怖主义
拉登	安全部部长	肯尼亚	情报	美国国务院
BA223	印尼	恐怖袭击阴谋	脏弹	炸弹袭击
反恐战争	基地	美国情报部门	安全警戒级	印尼盾
印尼总统	安全警戒	洛杉矶机场	英航	安全部门
情报官员	巴基斯坦	沙特阿拉伯	巴厘岛爆炸案	恐怖事件

（9）“教育”类中“性教育”关键词聚类词表前100个词语（$n=3$，文本数=50）见表2－18。

表 2-18 “教育”类中“性教育”关键词聚类词表

性教育	青春期	性生理	性知识	陈曦
遗精	性技巧	大庭广众	性健康	性心理
初潮	性成熟	生理卫生	难以启齿	中学生
教材	性道德	生殖健康	早恋	侃侃
婚前性行为	人工流产	教育	谈性	二愣子
罪错	性教材	性早熟	选修	选修课
启齿	计生	性观念	月经	家长
教育者	刮宫	教育台	来月经	生理
终身教育	智残	避孕	愣小子	性行为
文化教育	体育课	教育方法	幼儿期	足月
屋顶绿化	校园枪杀	终生教育	个性教育	性病
陈建英	课堂	性保健	性疑问	中学
青少年	早熟	性学会	ASP	高三
男孩女孩	怀孕	性病医院	性器官	教育服务
宫外孕	初中生	校医	人手一册	老师
性犯罪	性困惑	知识	性高潮	例假
毛刚	课外读物	女生	外来工	启智
计生委	自慰	性生活	发育	生殖器官
异性	青春	学校教育	教育模式	学生
高年级	胳肢	大学生	心理知识	性药

（10）“军事新闻”类中“直升机”关键词聚类词表前 100 个词语（$n=3$，文本数 =160）见表 2-19。

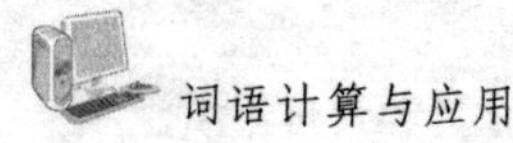

表 2－19 “军事新闻”类中“直升机”关键词聚类词表

孙凤阳	直升机	直－11	卡－60	俄制
M430	米－171	复合直升机	卡－52	科曼奇
直9	AH－1Z	米－26	超眼镜蛇	海军一号
北京军区	米－8GM	EC－725	米－17N	卡曼奇
互降	阿尔泰地区	米－28N	NH90	搜救机队
警用直升机	直9型	米－8	陆航	卡－28
旋翼	UH－1H	军代局	DDH	RAH
支奴干	桨叶	陆航学院	米里设计局	武装直升机
米－35	坠毁	阿帕奇	运输直升机	S－92
直－9型	战斗直升机	警用装备	OH－58	线性位移
鹰师	WZ－8D	LAMPS	CH－47C	UH
Z9	陆军航空兵	无人直升机	“黑鹰”直升机	米－6
战鹰	海巡船	AH	CH－47	CH－46
驱逐舰	哈飞	军用直升机	美军直升机	H425
雷达导弹	Z－9	甚高频	米－24	垂尾
轻型直升机	GPS	贝尔直升机	猎鹰	单元体
俄军	国家试验	大隅	中法海军	击落
车臣	升限	海上骑士	中航二集团	休伊
德宾	阿帕奇直升机	原型机	舰载	列别德
支努干	悬停	珠海航展	黑鹰	CH－47D

（11）“旅游”类中“红色之旅”关键词聚类词表前100个词语（$n=3$，文本数$=24$）见表2－20。

表2－20 “旅游”类中“红色之旅”关键词聚类词表

红色之旅	井冈山	南瓜汤	井冈之旅	巴中南龛山风景区
主题旅游	江苏圣地	八七会议	杨家岭	遵义
革命圣地	革命传统教育	主题线路	沙家浜	西柏坡
芦苇荡	红色旅游	黄洋界	南北湖	瑞金
娄山关	圣地旅游	周恩来遗物陈列馆	暑往寒来	宝塔山
生态资源	建党	井冈	旧址	革命遗址
延安	茨坪	会址	闽浙赣	井冈山革命
红船	五台山	嘉兴	乌江	重上井冈山
黔北	烈士陵园	和平国旅	青冈	第一百万
革命先烈	纪念馆	客家风情游	海龙囤	西南旅游
遵义会议	楚州	岳西	遮天盖地	濒于绝境
旅游专列	中国革命	天下雄关	观光园	米饭
多伦	老区	松杉	西塘	情趣盎然
五指峰	爱国主义教育基地	白求恩	乌镇	嘉兴市委
五台县	枣园	滑沙场	对内搞活	万花山
若尔盖	万佛洞	红原	簇生	桐乡
多明哥	峰峦	党旗	歌王	张秉贵
刘少奇故居	凭险	故都	生态保护	秦娥
种豆	浑善达克	中旅总社	红四方面军	民族的崛起
翠湖公园	碧草如茵	年轻党员	嘉兴南湖	芦荡

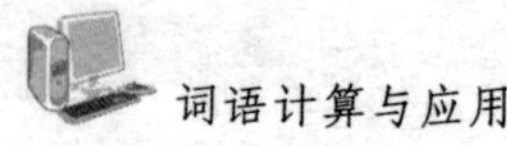

（12）“生活男女”类中“美发”关键词聚类词表前100个词语（$n=3$，文本数=92）见表2－21。

表2－21　“生活男女”类中“美发”关键词聚类词表

美发	烫发	护发	驳发	染发
百变秀发	洗发	发质	头发	秀发
Krim	发梢	采乐	科研发现	养发
头皮屑	护发素	发型	鬈发	脱发
洗发剂	发根	发卷	头皮	刘海
染发剂	美发师	洗发露	发色	头屑
卷发	果蔬汁	短发	直发	发型师
生死与共	发丝	润发	美容	杨鸽
洗发水	开叉	染剂	流行发型	皮脂腺
刘海儿	脸型	分叉	发乳	吹风机
蓬松	吹发	皮脂	女人味	离子烫
长发	凤髻	薄刀	香波	美发店
修剪	洗头	过敏	女性	卷发器
梳子	梳头	发梳	发际	精油
蔷薇	妆扮	温水	春夏	吃香喝辣
松饼	焗油	毛囊	吹干	干性
亮泽	干涩	摩丝	发蜡	搓捏
SPA	洗剂	小辫	电烫	缠结
角质	活性剂	带色	定型产品	party
打结	洗完	发干	碧昂丝	发胶

（13）“社会新闻”类中“自杀”关键词聚类词表前100个词语（$n=3$，文本数=24）见表2-22。

表2-22 “社会新闻”类中“自杀”关键词聚类词表

自杀	服毒	轻生	跳楼	轻生女
寻短见	陈玉华	轻生者	跳江	跳河
坠楼	儿媳	颖异	刘桂香	卧轨
跳井	割脉	跳桥	割腕	跳塔
盗枪	贫病	吞药	投河	寻短
老鼠药	救下	叶强	跳轨	民警
跳楼自杀	殉情	男尸	痴情汉	跳下
李克亮	寻死	阿红	弑父	塔吊
自尽	危机干预	想不开	安眠药	归客
男子	法医	增高药	年轻女子	上吊
瓦房店	跳湖	重点大学	消防战士	邕江
助人自杀	聊友	李进	小芹	吞服
药瓶子	跳楼秀	暴尸	靡靡之乐	东瓦
自杀者	派出所	老太	套种	南京中华门
不合时	小青	纵身	女子	打工妹
更年期综合征	身亡	同村	歌厅	阎峰
巡警	楼顶	畏罪	长江大桥	烧屋
偷书	救人	遗书	疯汉	浮吊
府前路	水警	失恋	死者	割颈
亮亮	骗情	月考	春燕	舍身崖

（14）“文艺”类中“遗址”关键词聚类词表前100个词语（$n=3$，文本数=24）见表2－23。

表2－23 “文艺”类中“遗址”关键词聚类词表

遗址	河姆渡	周口店	唐代镏金铜像	新石器时代
石烂	结物	宁王遗址	越国	工官
旧石器时代	达巴王国	发掘	周口店北京人遗址	城址
戳印	耀州	扎什伦布	金沙遗址	全国重点文物保护单位
寺塔	出土	考古	珠三角人	泽州
龙骨山	人类化石	古格王国	瓦当	平顺县
惠帝	新绛县	旱改水	尉迟	墓葬
古文化	先秦	北京猿人	遗存	骨片
古人类	骨针	泥质	纹饰	漳州府
瑷珲	西团山	绘图组	东渭桥	丹凤门
船蛆	门轴	墓群	峙峪	冶铜
古建筑群	仰韶	山顶洞	基址	考工
石器	浙江省鄞县	屈家岭	抚仙湖	彩陶
东汉	土林	山顶洞人	板瓦	年代学
骨器	聚落	土状	鼓腹	考古学系
陵川	遗迹	福建省漳州市	封泥	边防连
西安城隍庙	北朝	长清县	考古发现	筒瓦
考古队	三星堆	SGI	东周	更新世

（续上表）

础石	卷云纹	世界遗产	朱允炆	商周
刻划	礼县	北宋	半坡	文化遗址

（15）“游戏”类中“敏捷篇（迷你游戏）”关键词聚类词表前100个词语（$n=3$，文本数=195）见表2－24。

表2－24 “游戏”类中“敏捷篇”关键词聚类词表

敏捷篇	土人大战	逃离陷阱	醉酒上厕所	圆桌弹球
血腥闯关	星际猪霸	小偷克星	顽皮小酒鬼	玩具抓抓机
太空兔子	忍者杀阵	拳皇2000	碰碰拳打	魔力彩蛋
魔鬼出租车	辣妹快打	恐怖医院	街头霸主	超级鱼仔
足球炸弹人	自行车障碍赛	重锤打鸭子	战场救美女	勇闯魔鬼窟
隐匿潜入	银河撞球赛	异星奇遇	养育美人鱼	训练皮卡丘
血盆狼口	雪山逃生记	幸运蜜蜂	新格斗之王	小猪方块
小强终结者	消灭蛀牙	西部大对决	无敌小泡泡	危险传递员
外星人着陆	坦克出巡	水晶岛大冒险	水池挪杆	蔬菜马里奥
试管通道	圣诞老人打架	圣诞滑雪	圣诞大逃亡	圣诞打雪仗
圣诞铲雪工	圣诞搬运工	生死巡航	生死机车	沙狐球大战
色狼来袭	青春痘大作战	企鹅雪球	企鹅打靶	七龙珠大冒险
喷气纸飞机	怒打本拉登	妞妞跳大绳	你杀了凯妮	耐心喂小鸟
牧羊犬索菲	美伊拳击	冒险搬运工	乱世枭霸传	榴莲奇遇记
李小龙传奇	快乐小浣熊	快打至尊	骷髅跳舞机	开心扔小鸡
救救小鸟	靓妹跑车	街头古惑仔	接爱心	间谍通缉令

（续上表）

机器猫练打字	机器猫踩气球	饥饿原始人	火爆泰迪	护蔬菜使者
汉堡制作高手	海滨烂摩托	公园清道夫	公路车手	格斗美少女
疯狂砸汽车	疯狂跑楼梯	飞天战役	飞天企鹅	飞机闪躲
电线怪虫	颠球神童	打字机一号	打小猪	催眠跳山羊

（16）“娱乐”类中“摇滚”关键词聚类词表前100个词语（$n=3$，文本数=130）见表2－25。

表2－25 “娱乐”类中“摇滚”关键词聚类词表

摇滚	崔健	摇滚乐	维索斯基	张有待
乐队	林登贝格	墙莫名吃醋	二手玫瑰	斯琴格日乐
陆凌涛	枪与玫瑰	艳乐队	乌多·林登贝格	奥兹欧斯朋
狂野夏洛特	R. E. M	南天群星	痛苦的信仰	许巍
Pink	伍佰	摇滚乐队	The Rolling Stones	为爱种菜
拉赛尔·克劳	布莱恩·亚当斯	丁文琪	Limp Bizkit	史密斯飞船
詹姆斯·布朗	专辑	音乐	左小祖咒	Hanson
主唱	摇滚音乐节	S. H. E	吉他手	Neil
康塔	黑豹	袁英明	保罗麦卡尼	乐迷
特兰蒂尼昂	韩氏兄弟	CMCB	滚石	高旗
唐朝乐队	鲍勃·迪伦	吉他	贝司	SuperStar

（续上表）

五月天	单曲	雪山音乐节	斯琴格日勒	格日
音乐评论	旋律化	Springsteen	唱片	乐手
Suede	莱蒙托夫	DJ	The Beatles	Neil Young
音乐人	当前热卖	乐坛	Sting	SELINA
梦里舞蹈的人	朋克	张楚	任贤齐	孟晋
灵乐	Bon Jovi	学会奖	黑豹乐队	新专辑
宝儿	King Crimson	实弹乐队	非音乐	电影原声碟
V. A	乐团	滚作	PAUL SIMON	New age
新音乐	黄日华	窦唯	花房姑娘	丁武

（17）“体育”类中“北京奥运”关键词聚类词表前100个词语（$n=3$，文本数=164）见表2－26。

表2－26　“体育”类中“北京奥运”关键词聚类词表

北京奥运	会徽	gmp	国际奥委	奥运会会徽
马俊仁	奥运村	维尔布鲁根	北京奥组委	国际奥委会
奥运会	市场开发计划	国家体育场	鸟巢	国际奥组委
女垒	奥运场馆	蒋效愚	罗格	奥运歌曲
协调委员会	奥委	北京奥运会	奥林匹克公园	奥运
招贴设计	舞动的北京	体育场	北京2008	德梅隆
奥林匹克运动	奥运森林公园	奥林匹克	招贴	国家游泳中心
女子柔道	国际奥委会主席	奥运公园	中国印	森林公园

（续上表）

刘敬民	郭春宁	设计方案	申奥成功	中心区
竞技体育	建筑设计	莫慧兰	刘淇	奥运会主题歌
BOT	两周年	综合	段世杰	首都大学生
须德海	击剑运动员	袁伟民	国际羽联	藏獒
赞助商	指定行业	奥林匹克运动会	奥运吉祥物	奥运纪念币
赫尔佐格	中轴线	景观规划	张艺谋	金台艺术馆
奥组委	奥运项目	五环	奥运纪念品	简约
水立方	图稿	通廊	残奥会	市场开发
北京科博会	美猴王	维佳	形意拳	体育局
奉天	德雷克斯勒	中国奥委会	奥运会场馆	运动员
现代五项	孙宁	轴向	绿色奥运	纪念章
故宫珍藏	宣传片	苗木	场馆	城运会

2.3.6.2　**实验结果分析**

由于没法进行召回率的测试，因此对领域词汇聚类进行评价的最简单指标是准确率。我们以“交强险”为例，分别取聚类后的前100、200、300、400、500个词语，对其进行人工评测。评测时将与“交强险”相关的专名，如机构名、人名等也作为“交强险”领域的词语。但这种人工评价方法主观性较强，只是一个无奈的选择。评价结果如表2－27所示。

表 2-27 聚类准确率

领域	正确词数（个）	抽取到的总词数（个）	准确率（%）
交强险	95	100	95.0
	175	200	87.5
	255	300	85.0
	328	400	82.0
	401	500	80.2

从以上结果中可以看出，整体效果较好。但是，随着词语数的增加，准确率逐渐下降。

小 结

本章以领域特征明显的词和短语作为分类聚类对象，在分类系统的大规模语料库中，利用文本分类的特征提取方法和关键词标引方法进行词语的领域分类和聚类，取得较理想的效果。利用该方法构建的大规模领域知识库将有利于文本分类、主题词标引等相关的文本主题分析，而且对对外汉语教学中的分类常用词表建设（如 HSK 商务词表）、分类词典编撰等都有帮助。

参考文献

[1] Liuhua. Words Clustering Based on Keywords Indexing from Large-scale Categorization Corpora. *The Fifth International Conference on Information Assurance and Security*, 2009 (8).

[2] 周雪忠．中文文本分类特征表示及分类方法比较研究．

Advances in Computation of Oriental Languages. 北京：清华大学出版社，2003

［3］唐焕玲．文本分类系统 SECTSCS 中若干技术问题的探讨．计算机工程与应用，2003（11）

［4］陈克利．基于大规模真实文本的平衡语料分析与文本分类方法．*Advances in Computation of Oriental Languages*. 北京：清华大学出版社，2003

［5］钟敏娟等．基于分类和关键词组抽取的信息检索算法．系统仿真学报，2004（16）

［6］牟廉明．数据挖掘中聚类方法比较研究．内江师范学院学报，2003（4）

［7］康铁钢，戴汝为．一种基于大规模标注语料库的词语聚类方法．系统仿真学报，2003（10）

［8］李盛，杨尔弘．一种基于聚类的汉语词语知识的获取方法．计算机工程与应用，2003（15）

［9］王强军，李芸，张普．信息技术领域术语提取的初步研究．语言文字应用，2003（1）

［10］李杰，曹谢东，余飞．基于语义相似度计算的词汇语义自动分类系统．计算机仿真，2008，25（8）：295—230

［11］刘华．一种快速获取领域新词语的新方法．中文信息学报，2006，20（5）

［12］刘华．基于文本分类特征提取的领域词语聚类．语言文字应用，2007（1）

［13］刘华．基于语料库的领域词语聚类 C#实现．计算机工程与应用，2005，41（36）

3 词语计算与辅助汉语教学

本章主要面向汉语教学，利用计算语言学和语料库方法进行辅助汉语教学的尝试。

构建了辅助汉语教学的三个语料库：超大规模层级分类语料库、小学生作文语料库和文学作品语料库。

基于 19 亿字的语料库，自动抽取词语的常用搭配；结合文本分类中 TFIDF 公式、方差和字词搭配能力，计算词语的使用度；通过“句中所有词语的使用度的均值 + 句中使用度最大值词语的使用度 + 句长（句中词语数）× 3”模拟计算句子难易度。

利用数据挖掘中词语分类原理，以商务为例，介绍了基于语料库的对外汉语教学用分类词表的研制方法。同时，在计算语言学辅助对外汉语教学词表建设、计算语言学辅助汉语阅读等几个方面，介绍了我们在计算语言学辅助汉语教学方面的一些尝试。

3.1 计算机辅助汉语教学综述

在汉语教学中使用计算机的活动从 20 世纪 80 年代就开始了。目前，计算机辅助汉语教学主要集中在现代教育技术、多媒体和网络远程技术的辅助上。严格来说，这些都是基于环境、工具或形式上的辅助。基于内容的计算机辅助汉语教学主要集中在汉语教学资源的开发与利用上，如基于大规模语料库，自动获取词语的搭配，计算词语的常用度（梁南元、刘源，1991；尹斌庸、方世增，1994；张普，1999；孙茂松，2000），自动抽取例句并计算例句的难易度（郑锦全，2005、2006），从而为教材编写、学习词典编撰和汉语教学提供帮助。基于内容的辅助汉语教学特别与汉语信息处理技术密切相关，这主要涉及计算语言学的各项技术，如语料库、分词词性标注、自动句法语义分析、统计语言模型以及数据挖掘等。

3.2 辅助汉语教学的语料库建设

平衡合理的语料库是计算语言学统计计算的基础资源，考虑到汉语教学的特点和对语料的要求，在常见的语料库的平衡原则之外，我们还重点考虑了如下三个原则来建设语料库：

（1）尽量覆盖日常生活的各种主题领域，如经济、科技、时政等，以保证字词常用度计算和词语搭配统计时，语料与日常生活密切相关，并且主题平衡。

（2）选择规范化的现代汉语文学类的范本，这是汉语教学中最常用的教材资源，如典范的现当代著名作家的著名作品。

（3）汉语学习者的规范的作品，如小学生的作文，这是汉语教学效果的体现，也是学习者学习的范文。同时，分年级的小学生作文也能提供对应的学习者不同水平、不同难度的例句。

语料库的总规模达19亿字，具体情况如下：

（1）超大规模层级分类语料库：分类后的语料共约15万个文件，约15亿字，包括时政新闻_国际、时政新闻_国内、时政新闻_社会、时政新闻_军事、经济、科技、体育、教育、娱乐、旅游、汽车、文艺、游戏、房产、生活男女共15大类，时间跨度为5年（2004—2008）。

（2）小学生作文语料库：由小学生作文组成，从小学一年级到小学六年级分年级存储，总字数约1.5亿字。

语料信息如下：

一年级：15 730 个文本文件，共约 600 万字；

二年级：26 543 个文本文件，共约 800 万字；

三年级：51 275 个文本文件，共约 1 700 万字；

四年级：53 706 个文本文件，共约 2 600 万字；

五年级：57 301 个文本文件，共约 2 800 万字；

六年级：80 310 个文本文件，共约 5 500 万字。

（3）文学作品语料库：以典范的现当代汉语的文学作品为主，包括各种文体、类别，如记叙文、议论文、实用文、小说，经济、哲学、科普等，还包括部分北京口语语料，共约 2.5 亿字。

3.3　词语搭配自动获取

在认知心理学和二语习得上，“词汇短语”是“一串作为整体储存在脑中的词，可以以预制板块的形式被提取和使用，其形式可以原封不动，或是稍作改变”（Willis，2000）。研究发现，在母语学习者的言语表述中很大一部分是词汇短语，词汇短语对语言学习者语言的流利度和地道性起着重要作用（ENGLE R. W.，2002；MIYAKE A.，2000；陈开顺，2001；陈彩琦等，2003）。

因此，词语搭配是学习词典的核心部分，一方面可以通过搭配将抽象的语法知识分解，以搭配学习语法；另一方面方便学习者操练短语搭配。而且下文的词语常用度计算也需要考虑词语的搭配能力，搭配能力强的词语其生成能力也强，常用度也高。

我们利用 19 亿字语料库自动统计每一词语的左右搭配。统计前，先利用我们自己开发的分词软件进行分词（9 万个词条），准确率约为 97%。统计时，并未通过互信息或假设检验等方法进行过滤，只统计了关键词语的左右各一个搭配词语，保留频次大于或等于 5，并且频率大于或等于 0.2% 的二元搭配对。频率是某词语的左或右搭配中，某搭配的词语的出现次数除以所有左或右搭配词语的所有搭配次数的百分比。

下文以“调整”为例，考察词语的左右搭配情况。“调整”的左搭配共3 807个词条，次数总计为80 881；右搭配共4 231个词条，次数总计为62 365，词条后面括号中的数字是频率（省略了“%”，下同）。

(1) 左右搭配的所有词语，按频率从高到低排列（限于篇幅，只列出前40个词语）。

A. 左搭配：

的（12.7）、不断（8.9）、结构（4.9）、进行（2.8）、了（1.7）、价格（1.2）、在（1.1）、和（1.1）、及时（0.9）、大盘（0.8）、大（0.8）、重新（0.8）、战略（0.7）、重大（0.7）、政策（0.7）、有（0.7）、适当（0.6）、要（0.6）、地（0.6）、有所（0.5）、是（0.5）、短线（0.5）、出现（0.5）、来（0.5）、一些（0.5）、下（0.5）、结构性（0.5）、战略性（0.5）、将（0.5）、需要（0.5）、元（0.4）、继续（0.4）、相应（0.4）、作出（0.4）、大幅（0.4）、做出（0.4）、进一步（0.4）、通过（0.4）、震荡（0.4）、此次（0.4）

B. 右搭配：

与（11.3）、的（9.3）、后（3.3）、和（3.0）、了（2.8）、为（2.6）、到（1.9）、好（1.2）、中（1.2）、自己（1.1）、压力（1.0）、之后（1.0）、是（1.0）、到位（1.0）、幅度（0.9）、心态（0.6）、将（0.6）、走势（0.6）、行情（0.5）、方案（0.5）、过程（0.5）、对（0.5）、状态（0.5）、产品（0.5）、结构（0.5）、时（0.4）、也（0.4）、产业（0.4）、价格（0.4）、一下（0.4）、其（0.4）、至（0.4）、已经（0.4）、时间（0.4）、要求（0.4）、阶段（0.4）、在（0.3）、以来（0.3）、理（0.3）、为主（0.3）

从上面的搭配词语中可以看到，一字词“的、地、了、着、过、与、和、为、对、在、将、也、至、其、是、好、中、有、要、来”，虽然频率较高，但并非真正意义上的搭配，应该过滤掉。

（2）过滤一字词后的搭配词语（限于篇幅，只列出前40个词语）。

A. 左搭配：

不断（8.9）、结构（4.9）、进行（2.8）、价格（1.2）、及时（0.9）、大盘（0.8）、重新（0.8）、战略（0.7）、重大（0.7）、政策（0.7）、适当（0.6）、短线（0.5）、出现（0.5）、一些（0.5）、需要（0.5）、继续（0.4）、相应（0.4）、进一步（0.4）、通过（0.4）、震荡（0.4）、此次（0.4）、人事（0.4）、中期（0.3）、状态（0.3）、如何（0.3）、没有（0.3）、可以（0.3）、短期（0.3）、进入（0.3）、强势（0.3）、这次（0.3）、开始（0.3）、处于（0.3）、已经（0.3）、自动（0.3）、合理（0.3）、时间（0.3）、关于（0.3）、经过（0.3）、全面（0.2）

B. 右搭配：

自己（1.1）、压力（1.0）、之后（1.0）、到位（1.0）、幅度（0.9）、心态（0.6）、行情（0.5）、方案（0.5）、过程（0.5）、状态（0.5）、产品（0.5）、结构（0.5）、产业（0.4）、价格（0.4）、一下（0.4）、已经（0.4）、时间（0.4）、要求（0.4）、阶段（0.4）、以来（0.3）、为主（0.3）、工作（0.3）、过来（0.3）、格局（0.3）、力度（0.3）、好心（0.3）、政策（0.3）、改造（0.3）、计划（0.3）、充分（0.3）、经济（0.3）、空间（0.3）、结束（0.2）、农业（0.2）、战略（0.2）、优化（0.2）、存款（0.2）、训练（0.2）、范围（0.2）、战术（0.2）

为了更好地观察“调整”搭配词语的具体情况，我们将两字以上的搭配词语按词性分组汇总，通过词性分组能更好地研究语法搭配。分组汇总是按照词语表中词条对应的第一个词性标记自动完成的，因此可能存在一些错误。

（3）过滤一字词后的搭配词语，按词性进行分类汇总列出。

A. 左搭配：

a. 名词（合计11.7）：

结构（4.9）、价格（1.2）、大盘（0.8）、战略（0.7）、政策（0.7）、短线（0.5）、人事（0.4）、强势（0.3）、状态（0.3）、时间（0.3）、中期（0.3）、短期（0.3）、市场（0.2）、人员（0.2）、布局（0.2）、心态（0.2）、机构（0.2）

b. 副词（合计10.4）：

不断（8.9）、重新（0.8）、进一步（0.4）、已经（0.3）

c. 动词（合计7.1）：

进行（2.8）、出现（0.5）、需要（0.5）、继续（0.4）、震荡（0.4）、作出（0.4）、做出（0.4）、没有（0.3）、进入（0.3）、开始（0.3）、处于（0.3）、可以（0.3）、结束（0.2）

d. 形容词（合计5.2）：

及时（0.9）、重大（0.7）、适当（0.6）、结构性（0.5）、战略性（0.5）、大幅（0.4）、相应（0.4）、自动（0.3）、合理（0.3）、全面（0.2）、适时（0.2）、积极（0.2）

e. 介词（合计1）：

通过（0.4）、关于（0.3）、经过（0.3）

f. 代词（合计1）：

此次（0.4）、如何（0.3）、这次（0.3）

g. 量词（合计0.7）：

一些（0.5）、一个（0.2）

B. 右搭配：

a. 名词（合计12.6）：

压力（1.0）、之后（1.0）、幅度（0.9）、走势（0.6）、心

态（0.6）、行情（0.5）、方案（0.5）、过程（0.5）、状态（0.5）、产品（0.5）、结构（0.5）、产业（0.4）、价格（0.4）、时间（0.4）、阶段（0.4）、要求（0.4）、工作（0.3）、格局（0.3）、力度（0.3）、政策（0.3）、计划（0.3）、经济（0.3）、空间（0.3）、农业（0.2）、战略（0.2）、存款（0.2）、范围（0.2）、战术（0.2）、专业（0.2）、策略（0.2）

b. 动词（合计2.5）：

到位（1.0）、过来（0.3）、为主（0.3）、改造（0.3）、结束（0.2）、优化（0.2）、训练（0.2）

c. 代词（合计1.1）：

自己（1.1）

d. 形容词（合计0.5）：

充分（0.3）、主要（0.2）

e. 数量词（合计0.4）：

一下（0.4）

3.4 词汇常用度计算

字词的常用度或使用度一直是汉语研究和汉语教学研究中的热点和难点，汉语常用字（词）表的建设应该以合理科学的字词常用度计算为基础，汉语字词教学要解决的基本问题“教多少，哪些先教”也是如此。

词频大体从必要性的角度体现了词的常用程度，但并不充分。词在不同领域的分布状况，即词的散布系数（dispersion），对衡量词的常用程度也甚为关键。还应进一步地将词频和散布系数有机地结合起来，从而形成一个比较合理的指标—使用度（usage）。但是，设计怎样的散布系数乃至使用度才更加贴近语言现实呢？目前的解决方案主要有梁南元、刘源（1991）的

“选词函数”，尹斌庸、方世增（1994）的使用度公式，张普（1999）的流通度公式，孙茂松（2000）的散布系数与使用度的计算公式等。

我们认为字词的使用度与字词的分布密切相关，这主要表现在时间与空间的两条轴上。时间上的分布体现字词在历时发展中的恒定情况，空间则集中于领域（使用人群和使用领域）分布。常用字词就是最广泛领域的最广泛人群在一段时间内常用的字词。以词频来描写的话，在一段时期内，时间上，这些字词的词频很少或较少变化，每一时段基本不变；在领域空间上，这些字词的词频在每一领域空间基本一致。实质上，常用字词就是时间和空间上均匀分布的字词，是字词的核心部分。

其中，在时间因素方面，由于我们观察的是近五年之内的变化，时间较短，因此只是在语料收集上注意均匀包含五年的语料，统计时不予考虑。在领域空间上，只考虑 15 大类，文学作品和儿童作文作为第 16 大类（15 大类中的文艺并非文学作品，偏重于文艺类新闻）。

陈克利（2003）认为，方差是体现数据分布是否均匀的很好的数学指标，但从方差公式中可以看出，方差大小又受到词频大小的影响，为了削弱此影响（因为词频因素会在多方面反映出来，方差需要的只是词频之间的差异性表示），我们用方差除以该词在各类中的词频之和$\sqrt{\sqrt{\sum_j (p_{ij}-\bar{p}_i)^2}/\sum_j p_{ij}}$来表示关键词在 16 类之间的分布差异性。

在信息检索中常见的表示词语重要程度的公式是 TFIDF，其中 TF 是词频，由于多处用到了词频，因此，我们采用取对数后的绝对值来削弱其影响。

IDF 表示如下：

$$[\log(N(w_i)/N)]^2$$

IDF 描述的是词语使用范围的大小。当某个词在各类语料中经常出现时，我们就可以认为这个词是大范围内的常用词。

词语在总语料中的出现次数并不能完全说明该词的常用性，频率相同的词语其重要性是不同的：在各类之间分布越均匀，其常用度越大。这就是我们将二者结合起来（相乘）模拟表示词语使用度的原因。

另外，字词的生成能力也很重要，我们主要通过字词的左右搭配情况来估计其生成能力。由词语左右搭配数的频率取对数的绝对值模拟。

最终，字词的使用度公式如下：

$$U_{w_i} = \sqrt{\sqrt{\sum_j (p_{ij} - \bar{p}_i)^2 / \sum_j p_{ij}}} \times |\log(\bar{p}_i)| \times [\log(N(w_i)/N)]^2 \times |\log(p_{di})|$$

其中，$p_{ij} = T_{ij}/L_j$，L_j 是类 c_j 含有的所有词的次数之和，T_{ij} 是词 i 在类 c_j 出现的次数；$\bar{p}_i = \sum_j p_{ij}/m$，其中 m 为类别数；$N(w_i)$表示训练语料中出现词 w_i 的文档数，N 是所有词在所有类的文档频次之和；p_{di}是词语左右搭配数的频率。字词使用度举例见表 3－1。

表 3－1 字词使用度举例

字词	使用度	字词	使用度	字词	使用度	字词	使用度	字词	使用度
的	4.76	有	11.2	个	13.18	为	14.43	以	16.68
在	6.76	也	12.09	一个	13.26	就	14.48	大	16.73
了	8.08	这	12.19	中	13.7	而	14.64	人	16.92
是	8.28	还	12.5	多	13.72	都	14.84	对	17.45

（续上表）

字词	使用度	字词	使用度	字词	使用度	字词	使用度	字词	使用度
一	9.43	与	12.74	不	14.35	从	15.26	将	18
和	10.9	上	12.79	到	14.43	没有	16.22	后	18.2

3.5 例句难易度计算

对于句子阅读难易度的计算，郑锦全先生提出了三个考虑因素，一是句子的长短，二是句中所有词语在文本中出现频率的高低，三是词语语义类别的多少。

考虑到词语语义类别的多少需要大规模的语义词典支持，而且语义复杂的词语其使用度也相应较低，可通过使用度反映，因此，第三个因素暂不考虑。第二个因素采用句中所有词语的使用度的均值代替。但是，当句子较长而又出现低常用词时，由于句长抵消了低常用词的影响（算的是均值），其句子偏易，而学习者则可能因为这一个低常用词而难以理解文意。因此，我们增加了一个因素，即引入句子中使用度最大值的词语（罕用词）的使用度。句子长度则乘以3（所有词语的使用度的均值和使用度最大值的数字较大，句长较小，因此乘以3）。

最终，句子难易度通过“句中所有词语的使用度的均值 + 句中使用度最大值词语的使用度 + 句长（句中词语数）× 3”来模拟。

计算公式如下：

$$L_s = \sum_{i=1}^{j} U_{wi}/j + U_{wi\,max} + j \times 3$$

其中，L_s 表示句子 S 的难易度，$\sum_{i=1}^{j} U_{w_i}/j$ 表示句中所有词语的使用度的均值，$U_{w_{i\,max}}$ 表示句中使用度最大值词语的使用度，j 是句中词语数，即句长，U_{w_i} 是词语 W_i 的使用度。

例如，“调整”词语在语料库中计算句子难易度后，其前若干位如下［序号从易到难排列（例句前数字为序号），限于篇幅，只列出八句］：

2. 但是，调整 的 方向 应该 明确 。

4. 如 不 符合 要求，请 进行 调整 。

8. 损失 大 、持续 时间 长 、调整 改变 起来 相当 困难 。

9. 调整 经济 结构 。

27. 人们 都 说，调整 工业 结构 难度 大 。

35. 这次 机构 改革 在 人员 问题 上 要 解决 的，主要 是 调整 结构，提高 素质 。

48. 物质 利益 关系 要 经常 得到 调整 。

50. 语言 属于 第二 信号 系统，它 对 第一 信号 系统 起到 指导 、调整 和 促进 的 作用 。

3.6 基于语料库的对外汉语教学用分类词表的研制

词语是言语运用的基本单位，没有掌握足够的词语，就无法遣词造句，进行言语交际，因此，语言教育的基础和关键是词语教学。

在对外汉语教学中，词语教学是一项重要的基础教学任务，词语教学效果的好坏直接影响着学生的汉语水平。在对外汉语教学中，词语表的研制一直是一项基础工程，比如，我们有基本词语表，针对不同汉语水平又将词语表分成不同的等级。

对外汉语教学不仅应该针对学生汉语水平等级的差别进行因材施教，而且应该注意面向教学领域即学科的差别。比如，在掌握一定的汉语基础后，学生可能会针对从事不同行业（如经济、旅游等）的目标，重点进行该行业的语言学习。因此，因材施教的“材”，不仅指的是学生本身，而且也指学科领域。

考虑到这种情况，目前国内有很多对外汉语教学单位设立了面向不同行业的专业汉语教学课程，如商务高级汉语教学。而且，在汉语水平考试主干考试之外，国家汉办正在组织研制四个HSK 专项考试，以适应世界汉语学习形势发展的需要。这四个专项是 HSK 少儿、商务、旅游和文秘。例如，HSK（商务）的考试目的是“测量母语为非汉语者考生在商务工作及日常生活、社会交往中实际应用汉语进行交际的能力，为企业选拔人才、求职者寻找工作提供汉语水平的证明”。

无论是面向不同行业的专业汉语教学，还是 HSK 专项考试，首先面临的难题就是词语表的问题。在旅游汉语教学中，我们究竟应该教给学生哪些旅游方面的词语？在考试中，学生应该掌握哪些旅游词语才能在中国从事旅游行业，我们应该考察哪些词语？这些归根结底都是领域词语的选择问题。因此，分类的常用词语表的建设是面向专业领域的对外汉语教学或考试的基础。

对于常用词表建设，通常的做法是由若干领域的专家人工提出词语，再根据个人语感将词语按照使用的常用性程度排序。这样做的优点是充分利用了专家知识，但同时也会带来一些问题。一个领域的词语可能有成千上万个，仅仅依靠几个专家“拍脑袋”并不能完全列举出来，而且按照个人语感来给词语排序，也缺乏理论和统计上的依据，难以保证一致性。

我们通过对大规模语料库的分析来进行对外汉语教学用分类词表的建设工作，下文以“经济”为例，详细阐述了其基本原理、研制流程和结果分析。

3.6.1 分类词表的特点和任务描述

3.6.1.1 分类词表的特点

1. 领域性

HSK（商务）测试的是“在商务工作及日常生活、社会交往中实际应用汉语进行交际的能力”。因此，在词语方面，HSK（商务）的常用词语表（以下简称“商务词表”）应该是围绕“商务”领域进行，所收词语应以“商务”领域为主，同时兼顾日常生活、社会交往中常用的一般词语。

在商务领域中，与商务领域紧密关联的词语会聚集成群，如“公司、市场、企业、投资、银行、美元、资金、业务、增长、产品、价格……”，从而形成一个领域相关的词语群，我们称之为“词簇”。

2. 等级性

等级性主要指的是商务词表所收词语的等级性。

在商务词表中，这些领域的词语在商务实际运用中并不见得就是同等重要的，可能有些词语总是频繁出现，是商务领域中的常见词语。因为用得最多，因此考生应该最先掌握，熟练使用。

但是，有些词语虽然也是商务领域的词语，可能出现的并不是那么频繁，只在商务的某些特定应用场合使用。由于使用机会较少，因此考生可能掌握得较迟。

因此，根据商务词表中的词语在该商务领域中的流通程度或使用频率的差异，可将其划分为不同等级。这跟我们针对不同汉语水平将词语表分成不同等级的道理是相似的。

3.6.1.2 分类词表研制的任务描述

因此，根据分类词表的特点，词表的构建工作主要包括两个子问题：

（1）如何将商务领域中的词语聚集成群并抽取出来（词语

按领域聚类)。

(2) 如何将商务领域中的词语按照流通程度或使用频率进行分级(词语按流通度分级)。

3.6.2 分类词表的研制原理

我们在日常的语言使用中会发现这样一个现象:虚词(如"的"、"我们"、"在"……)在不同类别(如"体育"、"经济"、"科技"……)的文档中出现的频率几乎差不多,也就是说,它们在不同类别的文档集中散布得比较均匀。因此,它们区分文档类别属性的能力就很低,不能作为某一个类别的领域词语。

此外,某些词语(如"银行"、"市场"……)在某些特定类别(如"经济")的文档中出现的频率会高于它们在其他类别(如"体育"、"科技"……)的文档出现的频率。这说明这些词语在区分经济类文档与其他类别文档方面的能力较强,它们应该可以作为经济类别中的领域词语。

因此,通过计算词语在某一类(这些类别的语料,我们称之为"前景语料")中的频率及其在其他类(这些类别的语料,我们称之为"背景语料")中频率的差别,可以将该词语划分到不同的类别中去,从而达到词语按领域聚类的目的。

分类词表中词语的等级划分标准是其在该领域中的流通度或使用频率,因此,词语按流通度分级的基本原理是根据领域聚类后词语的流通度或使用频率来进行等级划分。

在词表研制的整个过程中,基本上由计算机自动完成,但还必须经过专家的质量控制。

3.6.3 分类词表的研制流程[①]

3.6.3.1 语料下载和内容抽取建库

在第三节中，我们提到分类词表的实现首先需要两种语料：前景语料和背景语料。因此，研制流程的第一步就是语料的下载。

我们利用网页的批量下载工具进行网页的大规模下载。网页自动下载后，我们利用自己开发的软件将网页中的文章标题和正文的文字抽取出来，去掉冗余信息（如广告、网站信息文字等），每一个网页对应一个文本章件。这样留下的文字干净、整洁，避免了冗余信息对词频统计的干扰，最终形成一个超大规模的分类语料库。

其中，前景语料（商务）信息如表3－2所示。

表3－2 前景语料（商务）信息

来源	起止时间	文件数（篇）	字数（千万）
《金融时报》	2003.12—2004.12	19 787	2.2
《经济参考报》	2003.7—2004.7	22 873	1.9
《经济日报》	2003.1—2004.1	32 363	3.8
新浪、TOM经济栏目	2002.1—2004.6	41 169	6
合计	2002.1—2004.12	116 192	13.9（1.4亿）

背景语料信息如表3－3所示（来源统一为“新浪、TOM、雅虎”，起止时间统一为“2002.1—2004.6”）。

① 利用本节方法研制的商务词语表已经提供给国家汉办作为商务汉语考试（BCT）的词汇表。

表 3-3　背景语料信息

类目	文件数（篇）	字数（千万）
时政新闻_国际	59 130	7.1
时政新闻_国内	119 695	13.4
时政新闻_军事	21 743	1.7
时政新闻_社会	42 559	5.5
科技	53 126	6.5
体育	96 120	12.2
娱乐	23 905	1.8
旅游	18 471	1.4
文艺	14 248	1.1
游戏	22 843	1.7
汽车	21 745	1.6
教育	24 405	1.9
房产	19 573	1.5
生活男女	19 382	1.5
总计	556 945	58.9 （5.9 亿）

3.6.3.2　自动分词和词频统计

我们采用自己开发的分词软件系统 SEGMM 进行分词，切词底表共 32 万个词语①。

词频是某一词语出现的次数除以语料中所有词语出现的总次

① 在线演示：http：//www.languagetech.cn/class _demo.aspx。

数。我们分别计算了词语在各个类别中的频率、总语料库中的频率。

3.6.3.3 权重计算和词语按领域聚类

根据第二章第二节提到的词语按领域聚类的原理，对每一词语进行权重计算，其计算公式如下（陈克利，2003）：

$$w(w_i,c_j)=\sqrt{\sqrt{\sum_j(p_{ij}-\bar{p}_i)^2}/\sum_j p_{ij}}\times[\log(N(w_i)/N)]^2\times\sqrt[n]{p_{ij}}$$

其中，$p_{ij}=T_{ij}/L_j$，L_j 是类 c_j 含有的所有词的次数之和，T_{ij} 是词 i 在类 c_j 出现的次数；$\bar{p}_i=\sum_j p_{ij}/m$，其中 m 为类别数；$N(w_i)$是训练语料中出现 w_i 的次数，N 是训练语料中所有词出现次数之和；$n\geqslant1$。n 参数主要用来调节词频的影响，当 n 取值小时，倾向于词频大的词；当 n 取值大时，则词频的影响减弱，倾向于词频小的词。我们分别将 n 设定为1、1.5和2。

计算完成后，将计算结果按倒序排列，输出三个词表。

3.6.3.4 词表对比分析

限于篇幅①，我们在三个词表中各取前30个词，按降序排列，见表3－4。“频率”这一列指的是只对商务语料分词后统计词频得到的词语（前30个），未做权重计算。

表3－4 词语频率及权重计算后对比

频率	$n=1$	$n=1.5$	$n=2$
的	市场	大盘	大盘
在	公司	投资者	投资者
了	企业	市场	个股

① 更多更详细的词表请参见：http：//www.languagetech.cn/download.aspx。

（续上表）

频率	$n=1$	$n=1.5$	$n=2$
和	银行	基金	基金
是	投资者	个股	连豆
对	大盘	银行	走势
年	亿元	亿元	上市公司
公司	资金	贷款	该股
市场	基金	上市公司	商业银行
也	业务	走势	债券
将	贷款	资金	股指
而	美元	企业	贷款
有	个股	商业银行	会计师事务所
为	风险	业务	短线
与	上市公司	公司	下跌
等	走势	该股	后市
中国	金融	下跌	银行
企业	商业银行	行情	行情
从	财经	风险	股票
中	产品	金融	金融机构
但	中国	股票	股价
一个	股票	股指	农村信用社
发展	行情	债券	利率
日	下跌	短线	亿元
个	监管	监管	国债

（续上表）

频率	$n=1$	$n=1.5$	$n=2$
目前	上涨	金融机构	市场
以	价格	上涨	券商
其	行业	财经	反弹
要	股	后市	资金

“频率”这一列中只有“公司”、“市场”、“企业”和“发展”可以算作商务类的领域词，大量出现的是那些高频常用词。通过词语权重公式计算后对词语进行观察，可以发现我们在第二章第二节提到的词语按领域聚类的原理非常有效。

权重计算时，n 取值对领域词语的影响也显而易见，n 取 1 时，基本上是商务领域的通用词语，代表了商务领域的质心特征；随着 n 值的加大，商务领域中区别度较高的词语大量出现，很多基本上都是商务领域中特定场合专有的词语。例如，当 n 取 1 时，区别度较低的“市场”（作为商务领域的词语，“市场”在其他领域中也常出现）排在第 1 位，区别度高的“个股”（在其他领域很少出现）排在第 13 位；当 n 取 1.5 时，“市场”下滑到第 3 位，“个股”升至第 5 位；当 n 取 2 时，“市场”继续下滑到第 26 位，“个股”升至第 3 位。

3.6.3.5. **专家人工控制词表**

通过以上专家的观察和分析后，最终选取了 $n=1$ 时的词表作为基准词表，共约 2 000 个词语。但是，$n=1$ 时的词表中有些词语可能不能作为商务词语；而 $n=1.5$ 或 2 时的词表中也包含了一些 $n=1$ 时的词表中没有的词语，这些词语又可能是商务词语。因此，还必须进行两个方面的人工控制：

（1）在 $n=1$ 时的词表中筛选出不属于商务领域的词语。主要是一些类别不明显的兼类词语，如“中国、进行、问题”；或出现频率很小的一些老词语和成语，如“锱铢必较、索价”，可以酌情删除一些。

（2）在没有出现在 $n=1$ 时的词表中，而出现在 $n=1.5$ 或 2 时的词表中的词语中，选取一些属于商务领域的词语，主要是那些商务领域中特定场合专有的词语，如“房契、付现”。

最终，我们形成了一个包含 2 366 个词语的商务词语表。因为这些词语来自三个词表，合在一起后没法进行排序；而且，权重计算的目的只是抽取出领域词语，凸显的是词语的领域特征，并不能反映词语的流通度或使用度，我们还需要通过词语的频率在一定程度上体现词语的流通度或使用度。因此，我们将这 2 366个词语按其在频率表中的排序位置输出作为最终结果。

表 3－5 是 2 366 个词语按其在频率表中的排序位置输出的前 96 个词语，排序顺序为先行后列，例如“公司……资金……管理……经济……金融……上市……”。

表 3－5　最终词表的前 96 个词语

公司	市场	企业	投资	银行	美元	资金	业务	增长	产品	价格	管理
经济	风险	贷款	大盘	行业	基金	金融	生产	经营	财经	客户	上市
上市公司	交易	监管	上涨	销售	走势	股票	个股	发行	资产	品牌	保险
行情	下跌	人民币	大幅	改革	全球	消费者	产业	金融机构	反弹	利润	信息
股价	成本	业绩	下降	收入	收购	短线	收益	出口	利率	股市	报告
债券	分行	品种	消费	资本	短期	商业	预期	数据	指数	利益	信贷
证券	成交	信用	重组	融资	支撑	购买	央行	同比	欧元	投入	创新
网络	进口	股份	货币	协议	国有	震荡	运行	券商	外资	热点	用户

3.6.3.6 词表分级

这一直是词表建设中一个悬而未决的难题。我们主要通过词语的频率来在一定程度上体现词语的流通度或使用度，从而达到给词表分级的目的。原则上，应该是当词语在词表中的频率情况发生显著变化时，就可以认为这是一个分级的断点。但实际上，词语的频率变化是一个非常缓慢平滑的过程，很难找到显著变化的断点。因此，这只是一个无奈的选择。

我们主观地在频率数值的小数点位数变化时切上一刀，将词表一分为二。前半部分到“供应链”（频率为1.00197479341043E－05）结束，共1 381个词语；后半部分从“让利”（频率为9.99824632909548E－06）开始，共985个词语。这给专家提供了一个定量的参考。

3.6.4 几点说明

3.6.4.1 语料的选择

（1）语体的选择。

在语料库语言学中，语言研究的直接对象是语言运用，只有通过对语言运用实例进行大量全面的收集和分析，才能得到语言典型特征的可靠依据。

语言运用的方式分为口语和书面语，对于语料库，书面语和口语体现出来的统计特征不尽相同。理论上，应该结合口语和书面语的语料来构建语料库。

但书面语和口语的问题向来难以解决。一方面，大量在线电子语料为语料库的建设提供了无尽的资源，使得书面语语料库容量以百倍甚至千倍的速度增长。另一方面，自然语言日常运用的收集和转写存在技术上的困难，口语语料的标注和附码缺乏统一的标准格式，对该口语语料的数据分析也缺乏专用工具软件，这些因素制约了口语语料库与书面语语料库的同步发展（刘华，

2004)。

鉴于目前口语语料库的建设难度较大，本章构建的语料库是书面语语料库，缺乏口语语料。

(2) 语料规模的选择。

语料库总语料量为7.3亿字（背景语料5.9亿，前景语料1.4亿），分为15个领域。采用如此大规模的分类语料主要是考虑到如下两个因素：

第一，各个领域的语料量必须足够大，这样才能克服词语在语料中出现的偶然性因素的干扰。而且，只有该领域的语料达到一定规模，才能保证该领域的全部（或几乎全部）词语会出现在文档中，从而有可能被抽取出来。

例如，假如经济类语料规模不够大，缺乏“股票市场”方面的语料，那么，“股票市场”相关的词语，如“B股、大盘、个股……”可能根本就没有出现在经济类语料中，因此根据这个语料库聚集出来的经济领域词语也就不可能含有这些词语了。

第二，一个词语是否属于领域词汇，关键在于它区分领域的能力，只有将词语放在整个分类系统中，比较词语在该领域与其他各个领域的出现差异，才能较好地获得这种区别能力。因此，在进行领域词语聚类时，必须将整个分类系统考虑进去，而不是只比较两三个领域。

3.6.4.2 短语的选择

上文提到在切词时采用的切词底表共有32万个词语，其中包括一些短语。从我们最终的词表中也可以看到，词表中包含一些如“金融机构、上市公司……”这样的短语。

那么，对外汉语教学用常用词表是否能将短语包含进来呢？可能有很多专家会认为常用词表中不能含有短语。我们的意见是可以包含，理论依据可以从两个方面来阐述：认知心理学、言语习得和教育学。

（1）认知心理学关于短语的研究。

1956年，Miller发表了在心理学界具有深远影响的文章《神秘的数字7，正负加二：我们加工信息能力的某些限制》。他指出，短时记忆的容量大概是7+/-2个单位，这就是记忆广度(memory span)。Miller用chunk表示，因此语块就被看作记忆的单位。虽然短时记忆容量很小，但人们可以借助自己的已有知识和经历对信息进行组块，使得信息迅速、高效地编码，以语块形式储存的信息也便于日后检索和提取，这便是记忆的组块效应(effects of chunking on memory)，因此人们也把组块叫做短时记忆策略。

大脑对语言的处理在工作记忆中进行。工作记忆指的是在解决认知任务的过程中，用于信息加工并同时保持与当前任务相关的信息的系统或机制。在工作记忆中，短时记忆的容量大约为7个单位，最长存储时间为20秒，而正常话语速度为每秒10至15个音位，快速语流达每秒30个音位。以短时记忆的最长存储时间计算，在20秒内，大脑必须处理200~600个音位，但是，根据短时记忆的容量计算，大脑在20秒内只能处理7个音节。由此可见，短时记忆的容量与正常说话的需要相差甚远。为了解决这一矛盾，大脑采取最大限度扩大存储单位的方法，即采用长串切分的方法。

认知心理学家也从传统的语义学所定义的“词位”角度进行研究，认为语言中词和短语的整体性识别容易形成反应模式。Freeddle的研究证明，在模式反应中语言单位的长度和精度对反应时间影响不大，即语言反应时间并不随单位的长度增加而增加(Freeddle，1979)。Osgood和Hoosain的研究也说明，熟悉的复合名词的识别速度与同样长度和频率的单词识别速度相同（Osgood、Hoosain，1974)。由此，在相同反应时间的控制下，加大识别单位的长度，更有利于语言理解过程的进行。

（2）言语习得和教育学关于短语的研究。

我们将言语习得和语言教学从认知心理学中独立出来进行论述。

近年来，“词汇短语”在第二语言或外语习得中的作用得到了越来越多的重视（廉洁，2001；杨玉晨，1999）。词汇短语是“一串作为整体储存在脑中的词，可以以预制板块的形式被提取和使用，其形式可以原封不动，或是稍作改变”（Willis，2000）。

研究发现，在母语学习者的言语表述中很大一部分是词汇短语，他们对语言的流利度有直接的影响，对学习者语言的地道性也起着关键的作用。研究还表明，在第二语言和外语习得中，学习者常常以词汇短语为基础推导出语法规则。心理语言学家对语言处理过程进行了研究。他们提出语言处理过程可能存在两种模式。一种是以分析和规则为基础（analytic，rule based），一种是以惯用语和范例为基础（formulaic，exemplar based）。第二种模式中学习者的记忆中储存了大量的惯用语，学习者在表达时直接使用这些惯用语，而语法规则只是对词块产生次要的修正作用（Skehan，1999）。

Widdowson 在比较了 Chomsky 的语言能力和 Hymes 的交际能力的区别之后，指出交际能力不是指知道组成句子的规则以及能够在需要的时候使用这些规则来构成语句，而是储存大量的预制板块和固定表达方式以及一套规则，并且能够使用这些规则对这些预制板块和固定表达作出必要的修正，以符合上下文的要求（Widdowson，1989）。

Pawley 和 Syder 发现母语学习者在自我表达时会采用一种“从句链”（clause chaining）的形式，即他们大量使用一些流利的短语（fluentitems）（超过其话语输出的 50%）来组成句子；并且母语学习者熟知的这种短语数量巨大。他们对于母语学习者

语言的地道性和流利度有着直接的影响（Pawley、Syder，1983）。

Peters 和 Wong Fillmore 分别研究了儿童的第一语言习得和第二语言习得。他们都发现儿童最初将听到的语句作为一个整体来模仿和使用，逐渐地对语言进行对比，经过实际交际的验证，归纳出语法规则。这就说明词汇短语可以作为语言材料来帮助初学者学习语法（Peters，1983；Wong Fillmore，1976）。Hakuta 的研究也表明，儿童在初学外语时，会将词汇短语作为整体使用来应对交际的需要，尽管他们对其构成原则还不甚明了（Hakuta，1974）。

3.7 面向对外汉语教学的话题聚类研究

在对外汉语教学中，报刊阅读是课堂教学之外的另一条有效渠道。本章针对报刊阅读“话题课”的两个关键问题——话题聚类和话题词簇聚类与分级，描述了一个基于数据挖掘中文本分类和聚类方法的辅助软件系统，并给出了相应的实验结果，结果证明该系统快速有效，对对外汉语教学的教材编写、词表建设有较大的意义。

3.7.1 报刊阅读与话题课

报刊阅读课是为中、高级汉语水平学生开设的专门技能课，目的是培养学生阅读中文报刊的能力。目前，报刊阅读课中多采用“话题课”的形式进行，教师或师生选取一个社会现象或新闻主题作为话题，在课堂上进行讨论，以锻炼学生高级阅读和成段表达的语言能力。

例如，“北语－网上北语”对“学历教育课程”中的“中国报刊语言基础”课程介绍如下：

教学内容：介绍中国报刊常用词语、句式、结构以及相关社会文化背景知识……每课都介绍一个相关网站，提供给学生作网上浏览；引导阅读相关主题的报刊文章……相关主题包括中国外交、国际关系、对外贸易、中国社会状况、汉语热、能源、交通、航空航天、粮食问题、生活质量、饮食文化、毒品犯罪、艾滋病、再就业工程等。

教学目标：引导外国留学生由浅入深、循序渐进地阅读中国报刊文章，掌握中国新闻报道及各种报刊文体的特点，了解中国社会各方面的情况。学完本课程后，学习者能够自主搜寻并获取自己感兴趣的报刊新闻。

3.7.2 话题与话题词簇

3.7.2.1 话题

人们交谈时总是从一个大家都熟悉的话题开始，然后再各自补充自己所知道的有关这个话题的新情况，这是一个从旧信息到新信息、从已知到未知的过程。话题是交际的出发点或对象，也是交际的某种范围。

话题（topic）是很难固定的，甚至很难找到一个令人满意的定义，它往往与主题（subject）密切相关（Bygate，1987；Brown and Yule，1983），如话题跟踪与话题识别中的“话题”，二者关系密切，话题与具体事件相关，主题则是话题的群集；事实上，我们常常说“关于早恋这个话题我不想多说”，显然，话题和主题的区分只是一个度的问题。

话题是思想和语言交际的中心，如果思想不能紧扣话题（我们通常叫做主题），就会犯“南辕北辙”的错误，没有话题（主题）的交流是一个没有意义的交流。从这个意义上说，话题是文本内容的集中体现，是一系列文本表达对象的集中描述，也是交际交流的总纲。

在本章中，我们将“话题”定义在一个宽泛的范围内，并不强调与主题的区别，指的就是文本分类的划分结果，不管划分的是概念层次高的大类，如“体育”；还是具体专指性强的小类，如“科技__科普生活__航空航天__火星登陆”。

3.7.2.2 话题词簇

话题词簇指的是与某一话题紧密关联的词语群。例如：话题“非典”的话题词簇可能是“非典、非典病毒、非典患者、非典型肺炎、传染性非典型肺炎、非典型性肺炎、非典疑似、抗击非典、抗非、防非、发热、发烧、发烧门诊、体温、冠状病毒、肺炎、疑似、病例、隔离、隔离区、果子狸、SARS、萨斯、公共卫生事件、世界卫生组织、口罩、小汤山……”

话题词簇根据其在该话题领域中的流通度或使用频率可划分为两类：

（1）描述该话题所必需的、常见的词语，我们称之为“话题通用词”。例如，垒球的话题通用词可能包括“球员、球队、比赛、得分、教练、手套、安打、垒……”

（2）该话题领域专用的词语，我们称之为“话题术语词”。例如，垒球的话题术语词可能包括“安全打、安全上垒、二垒、二垒打、后摆投球法、绕环投球法、牺牲打、正面投球法……”

3.7.3 报刊阅读课现状分析与目标描述

3.7.3.1 报刊阅读课素材现状

目前，对外汉语教学界很多学者和教师针对报刊阅读课编写了许多教案教材。

报刊阅读课的取材通常可分为两种：

（1）利用现成的教材。

这一类的教材很多，往往是按话题或类别收集相关报刊的文章。其中内容以当代中国国情为主，话题则按主题或学科涉及国情的各个方面，以与生活密切相关的话题为纲，如政治、经济、文教、旅游、家庭生活等。例如：《中国概况》（修订版，王顺洪）。教材分 14 个专题系统全面介绍中国的国土、历史、人口、民族、政治制度、经济、科技、教育、传统思想、文学、艺术、习俗、旅游、国际交往。其他类似教材的如《当代话题》、《中文报刊阅读教程》、《报纸上的中国——中文报纸阅读教程》、《新编汉语报刊阅读教程》、《报刊阅读教程》、《高级汉语口语——话题交际》、《话题口语》、《报刊语言教程》、《话说今日中国》等。

这种做法的缺陷是素材更新太慢，内容陈旧，落后于时代的发展，特别是在高速发展的网络时代，不能及时反映当前时事热点和社会发展状况；素材可能由于编写者的主观因素而偏向某些话题，没有考虑学生的话题兴趣，不能真正照顾学生的需求和主动性，进而影响词语教学。

（2）随时现场取材。

以近期甚至当天的报刊为材料，及时新鲜；或者根据学生感兴趣的话题，从网站上搜索与之相关的最新资料、背景知识以及相关内容作为教学材料。

这种做法的优点显而易见，但真正实行起来，特别是当希望电子备课、批量备课时，会有较大难度。很多老师试图通过个人的努力来改变这种现状，但这需要花费大量的精力和时间，而且各自为政，存在大量的重复劳动；并且报刊新闻更新很快，往往辛辛苦苦收集的素材过段时间就失去了时效性，而且社会变化很快，新事物、新话题层出不穷，网络上的信息铺天盖地，单凭手工操作，很难保证教学素材的时效性。

3.7.3.2 报刊阅读课词语情况

语言是发展的，词语更是发展最活跃的部分。报刊新闻因为其特有的时效性，其中反映的词语发展情况尤为明显。滞后的教

学素材和手段显然降低了词语教学的效果。

报刊阅读课一般面向的是高年级学生，他们已经具备一定的汉语能力，但是相对于信息量大、文化性强、词语量大的报刊文本来说，还是不够的。就词语来说，前期学的基本上都是生活中的常见词，而报刊新闻有很多与该新闻话题相关的领域词（该话题领域的词），有的甚至是该领域的术语。虽然报刊阅读课可能并不要求学生完全掌握，但我们还是希望该话题领域中最基本、最常用的那些词语能被学生掌握，以后他们遇到相同话题时就能进行基本阅读，而那些话题领域性太强的术语可以作为阅读课的背景知识为学生了解即可。因此，如何根据话题确定话题词簇是一个关键问题。

3.7.3.3　报刊阅读课目标描述

综上所述，我们可以看到，目前报刊阅读课素材的关键问题在于如何快速准确地获得相关话题聚类后的文章集合；词语方面则集中在如何自动获取话题词簇，如何区分话题通用词和话题术语词。

具体来说，以上问题（目标）描述如下：

（1）话题聚类。

所谓“相关主题的报刊文章”，指的就是与某一话题相关的同类文章，相当于网页的“同主题文章”或“相关链接”，因此，这一个问题也就是报刊语料的话题聚类。师生共同选择一个感兴趣的话题后，利用现成的分类语料库或语料采集软件应该能够即时获得该话题的相关文集语料。

就本质而言，这是一个文本分类和聚类的问题。

（2）词语聚类。

话题词簇指的是与某一话题紧密关联的词语群，因此，如何按照话题聚集该领域的相关词语，并根据其领域流通度（领域使用频率）划分话题通用词和话题术语词是该问题的核心。实际上，该问题又可分为两个子问题：①话题词语聚类；②话题词语分级。

3.7.4 系统实现及结果分析

3.7.4.1 话题聚类

话题聚类本质上是一个文本分类的问题。文本分类属于有指导的机器学习，它利用预定义的文本类别和训练文本学习到分类模型，从而确定新文本的类别。一般包括动态的自动聚类和静态的自动归类。根据分类知识获取方法的不同，可以有两大类：基于知识的和基于统计的。基于知识的方法主要依赖领域专家知识，需要领域专家预先编制大量的推理规则作为分类知识，优点是分类体系细致合理，分类正确率较高，适用于专业领域的知识组织和管理；但实行起来比较复杂，开发费用相当昂贵，领域性太强，不易移植，管理和扩展费用很高，难以保证一致性和准确性。基于统计的方法是文本分类应用最多的方法，它忽略文本的语义结构，仅将文本作为互不相关的特征项集合起来看待，利用加权特征项构成向量表示文本，利用词频或词频进一步计算的信息对文本特征进行加权。基于统计的分类系统实行起来比较简单，分类快捷，来源于真实文本，可信度高，准确度能够满足一般应用的要求。

我们已经构建了一个超大规模的分类语料库，分类后的语料库共 60 万个文件，约 6 亿字。分类主题层级最多为 4 级，如“科技__电脑__软件__操作系统”，共有类目 200 多个，小类具体到某个主题（话题），如“体育__运动会__奥运会”。大类 15 类，包括国际新闻、国内新闻、社会新闻、军事新闻、经济、科技、体育、教育、娱乐、房产、汽车、文艺、游戏、旅游、生活

男女[①]。

在此基础上，我们已经构建了一个层级多标记、自适应的文本分类系统。该系统不仅可以完成上面所说的层级分类（244个），能为类目交叉的文本标记上多个类目名称，如一篇有关“房市”的文章，可能在分类系统中会同时标记上“经济_行业经济_房市”、“房地产_房市”，在约3万篇测试集上（共15个大类，244个小类）取得了91%以上的准确率和召回率；而且能够根据用户需求，动态增加用户自定义的类目主题（话题），在系统原有基本类目主题的基础上，动态更新，成为一个活的系统。例如，用户自定义的“不良信息”主题的分类准确率近90%。（分类语料库及自动分类系统详情参见下一章具体介绍）。

同时，文本分类系统集成了主题词自动标引模块，能为文章自动标注上反映文章核心内容的主题词（以关键词表示），如一篇题为“万科处心积虑‘打’广州　已经获取大片土地储备”的文章，交给系统处理后，输出标引结果为“房地产、万科、土地储备”。在105篇测试集上（其中经济、科技类文档约占一半），标引系统取得了约80%的专家认可率。这一模块可以补充分类系统，提供非常细致的主题的文本聚类功能[②]。

3.7.4.2　词语聚类

（1）利用特征提取方法进行词语聚类。

在文本自动分类中，关键的一个技术是特征提取。特征提取的步骤包括词语切分、词频统计、加权计算和特征选择（二者通常结合在一起进行）。

权重计算和特征选择有很多计算公式，如信息增益、期望交

---

① 参见：http：//www. languagetech. cn/corpus. aspx。

② 文本分类和主题词标引在线演示：http：//www. languagetech. cn/class_demo. aspx。

叉熵、文本证据权等，其中最著名的是 TFIDF 公式。

基于 TFIDF 的公式本质上反映了词语区分文档内容属性（类别、话题）的能力，一个词语（如虚词“的”、“我”、“在”……）在整个文档集中出现的范围越广，在文档集的所有类别的语料中散布得越均匀，其区分文档属性的能力就越低，不能作为某一个类别的领域词语。此外，一个词语（如“房产”、“楼盘”……）在某些特定类的文档集（如“房产”）中出现的频度越高，在其他类文档集（如“科技”、“旅游”……）中出现的频度越低，说明它在区分该类文档集的内容属性（“房产”类）方面的能力越强，它们可以作为“房产”类别中的领域词语。因此，在计算词语在某一类（如“房产”）中的 TFIDF 值之后，将其按倒序排列，那些具有强话题区别能力的词语会排在最前面，如“房产”、“业主”、“开发商”……；而每一话题中皆均匀出现的词语（话题区别能力弱的词语）将会排在后面，如虚词“的”、“我们”、“在”……根据此原理，我们可以通过计算词语的 TFIDF 值来将某一特定话题（如“房产”）中的特征词（如“房产”、“楼盘”……）抽取出来，从而达到将词语按话题聚类的目的。

此后，有很多人对 TFIDF 进行了改进，如 Roberto Basils（1999）提出的 TF · IWF · IWF 公式；陈克利（2003）对 TF · IDF 和 TF · IWF · IWF 公式进行了分析并作了一些改进，提出了一个新公式：

$$w(w_i,c_j)=\sqrt{\sqrt{\sum_j(p_{ij}-\bar{p}_i)^2}/\sum_j p_{ij}\times[\log(N(w_i)/N)]^2\times\sqrt[n]{p_{ij}}}$$

其中，$p_{ij}=T_{ij}/L_j$，L_j是类 c_j 含有的所有词的次数之和，T_{ij}是词 i 在类 c_j 出现的次数；$\bar{p}_i=\sum_j p_{ij}/m$，其中 m 为类别数，N（w_i）是出现 w_i 的训练文本数，N 是总训练文本数，$n\geqslant 1$。

（2）词语聚类实现。

以上面提到的超大规模层级分类语料库为基础，实现了词语的领域聚类。具体实现步骤如下：

第一步，双向最大切分。切分底表对特征提取至关重要，如果需要提取的特征词不在底表中，则无法提取出该特征词，我们的底表包含 32 万个词条，含领域词语 25 万个。

第二步，统计词次。统计时根据位置动态加权。

第三步，权重计算。按照陈克利（2003）的公式计算每个词在类中的权重，n（$n \geqslant 1$）参数主要用来调节词频的影响：当 n 取值小时，倾向于词频大的词；当 n 取值大时，则词频的影响减弱，倾向于词频小的词。

第四步，特征选择。通过设定阈值来确定不同文档类所对应的特征向量。

（3）词语聚类结果分析。

上文列举了话题词簇中两个关键性的问题：①话题词语聚类；②话题词语分级。

第一个问题已经解决，第二个问题是个再选择问题，上面已经提到可以通过改变 n 的取值来调节词频的影响，当 n 取值小时，倾向于词频大的词，即可获得话题内最基本、最普通的词语（话题通用词）；当 n 取值大时，则词频的影响减弱，倾向于词频小的词，可获得专业性很强的学科术语（话题术语词），因此这个问题也可以得到很好的解决。

在旅游类中对 6 种待对比的分表中各取前 30 个词按降序排列，见表 3－6。我们对 n 取 1、2、3、6 不同的值，获得旅游领域的词语各 1 万条，按权重降序排列（列 3、4、5、6），同时将 $n=3$ 时获得的 1 万个词语按照它们在旅游语料中的词频降序排列（列 2“权重＋词频”），并且将旅游语料中的所有词语按词频降序排列（列 1“词频”）。将四者进行对比，观察权重计算及 n 值对特征提取的影响。

表3－6　旅游类词语对比表

频率	权重＋频率	权重（$n=1$）	权重（$n=2$）	权重（$n=3$）	权重（$n=6$）
的	旅游	旅游	旅游	旅游	自助旅游
在	游客	游客	旅行社	游记	主题旅游
了	旅行社	旅行社	游客	旅行社	环球采风
是	游	景区	景区	瞧	东方夜谭
和	香港	景点	游记	自助旅游	路线推荐
有	景区	游记	景点	游客	旅游杂谈
旅游	文化	黄金周	游览	景区	九大景区
我	车	导游	导游	景点	军旗的足迹
也	瞧	游览	黄金周	稻城	东西对对碰
等	价格	公里	瀑布	游览	远华红楼
着	景点	接待	稻城	导游	人在旅途
一个	建筑	西藏	出境游	九寨沟	旅游保险
个	酒店	北京	九寨沟	种豆	自然探索
而	黄金周	游人	风景区	自助游	美食之旅
为	接待	线路	游人	瀑布	周末沙龙
从	旅客	旅客	海拔	人在旅途	空调旅游车
日	西藏	海拔	黄山	出境游	太白山
我们	线路	瀑布	自助旅游	主题旅游	青年旅舍
就	导游	人次	自驾车	黄金周	塞罕坝
与	春节	风景区	西藏	自驾车	民间艺术游
到	人次	出境游	出游	风景区	梁卓权
一	游览	门票	旅游者	黄山	中甸

（续上表）

频率	权重+频率	权重（$n=1$）	权重（$n=2$）	权重（$n=3$）	权重（$n=6$）
都	航班	酒店	种豆	游人	岜沙
人	一座	航班	接待	吐鲁番	游记
将	十一	建筑	自助游	滑雪场	自助攻略
对	游记	文化	滑雪场	漂流	山水行
来	石	出游	温泉	海拔	郭亮村
游客	古	九寨沟	滑雪	旅游者	重读英烈
年	交通	机票	吐鲁番	睡袋	嶂石岩
地	湖	宾馆	丽江	古镇	独龙江

“频率”这一列中，只有“旅游”和“游客”是旅游类的领域词，大量出现的是那些高频常用词。$n=3$ 时，获得的 1 万个词语按词频降序排列时，基本上是旅游领域使用较多的通用词语，有的词语是旅游领域词语，但与其他领域有交叉，如“价格、香港、西藏、交通”等。$n=1$ 时，基本上都是旅游领域的词语，“价格”这种经济领域性更强的词语跌出了前 30 位，其中“美元”下降了 18 位；“价格、销售、消费者、客户”则跌出了前 30 名；“景区、景点、游记、黄金周、导游、游览”等旅游领域型强的词语强势上升，“游人、风景区、出境游、门票”等词语上升出现在前 30 位。$n=2$ 和 $n=3$ 时，旅游领域中区别度较高的词语大量出现。$n=6$ 时，旅游领域中更高区别度的词语大量涌现，很多基本上都是旅游领域中的专有词语，甚至是旅游类中某小类的专有词语，如“自助旅游、主题旅游、旅游保险、自然探索、美食之旅”等。

利用上述方法，我们系统地构建了一个大规模的领域词语的知识库，包含与分类主题相对应的领域词语表（即话题词簇）共200多个，这些分类主题包括大的类别（如“体育”、“教育”等）和细致的话题（如“科技_科普生活_非典”）。

进一步利用我们构建的分类系统中的主题词标引模块，全面标引了上文提到的60万篇文章的语料库（有的本来就已经人工标引了）。如果某一关键词，如“春运”，是某一文章的关键词之一，则“春运”关键词的文档频数计1，对60万篇文章中文档频数大于20的关键词的所有文章，利用上文的特征提取方法进行词语聚类，得到11 215个聚类词语表（每一关键词聚类得到一个词语表），每一关键词词语表按权值取前800个（权值阈值约为7）①。

表3－7是“时政新闻_国内新闻”大类语料中关键词“春运”聚类得到（$n=3$）的词语按词频降序排列后的前100个词语（顺序为“春运—人次—广州—学生—公路—确保—……”）。

表3－7 “时政新闻_国内新闻”关键词“春运”话题的前100个领域词

春运	旅客	铁路	客流	人次	部门	车辆	安全	客运	广州
学生	客车	民工	运输	公路	发送	预计	万人	售票	确保
车票	增长	车站	临客	节前	列车	火车站	高峰	运力	票价
交警	民航	超载	购票	驾驶员	出行	长途	乘客	春节	火车票
交通	客流高峰	回家	航班	返乡	售票窗口	全省	客流量	违章	上浮
铁道部	节后	同比	加班	开行	通讯员	加开	航线	机票	机场

① 更多词语表下载：http：//www. languagetech. cn/download. aspx。

（续上表）

候车	客运站	同期	第一天	高峰期	汽车	上车	探亲	窗口	增开
乘车	往年	汽车站	交通安全	售票点	广州火车站	线路	广铁	司机	航空公司
直通	售票员	北京站	班车	广州站	水路	落实	北京西站	涨价	部署
白云机场	郑州	包车	旅游	高速公路	公安	进站	合格证	上路	各级

综上所述，本章描述了一个基于数据挖掘中文本分类和聚类方法的辅助对外汉语教学的软件系统。在具体的对外汉语教学中，该系统主要用于以下三个方面：

（1）对外汉语教学的教材编写：目前，对外汉语教材，特别是报刊阅读课的教材，都是人工收集报刊或网站上的相关主题的文章编辑而成，人力、物力耗费较大，而且更新很慢。使用该系统，教材编写专家可以快速及时地获得按话题分好类的文章，大大节省了人力和时间。

（2）教学词语按话题聚类分级：利用本系统提供的文本特征提取方法可以快速自动聚类出与话题相关的词语集合，并将词语按流通度分级，有利于教师选择与话题相关的词语集合进行教学。

（3）词表建设：目前，对外汉语教学和评测用的词表，对所有国家和所有专业领域都是一样的，而实际上，不同专业领域需要不同的专业词表。我们已经利用本系统为国家汉办委托北京大学研发的 HSK（商务）课题构建了面向 HSK 的商务词表，为对外经济贸易大学商务汉语课题组提供了商务词表。当然，也可以为 HSK（文秘或旅游）提供类似的文秘或旅游词表，或者其他的专业词表，如旅游、体育等①。

小 结

本章介绍了我们构建的面向对外汉语教学的几个语料库，基于这些语料库，利用统计方法自动获取词语搭配，计算词语的常用度和例句难易度；还详细介绍了基于语料库的对外汉语教学用分类词表的研制方法，以及面向对外汉语教学的话题聚类研究方法。

参考文献

[1] Engle R. W. Working Memory Capacity as Executive Attention. *Current Directions in Psychological Science*, 2002, 11 (1): pp. 19 - 23.

[2] Miyake A. Working Memory: The Past, the Present, and the Future. In: Osaka N. *The Brain and Working Memory*. Kyoto: Kyoto University Press, 2000. pp. 311 - 329.

[3] 陈彩琦等. 工作记忆的模型与基本理论问题. 华南师范大学学报（自然科学版），2003 (4): 135—142

[4] 陈开顺. 言语知觉中的心理模式. 外语研究，2001 (3): 31—37

[5] 梁南元，刘源等. 制订《信息处理用现代汉语常用词词表》的原则与问题的讨论. 中文信息学报，1991 (3)

[6] 尹斌庸，方世增. 词频统计的新概念和新方法. 语言

① 领域对外汉语教学请参见：http://www.languagetech.cn/hsk_kinds.aspx。

文字应用，1994（2）

［7］张普．关于语感与流通度的思考．语言教学与研究，1999（2）

［8］孙茂松．关于词汇使用度的初步研究．语言文字应用，2000（1）

［9］陈克利．基于大规模真实文本的平衡语料分析与文本分类方法．*Advances in Computation of Oriental Languages*．北京：清华大学出版社，2003

［10］郑锦全．词汇语意与句子阅读难易度计量．第六届汉语词汇语义学研讨会，2005

［11］郑锦全．从数位典藏到数位学习．数字化汉语教学的研究与应用，2006

［12］郑定欧．对外汉语学习词典学刍议．世界汉语教学，2004（4）：85—95

［13］丁安琪．利用互联网资源辅助报刊课教学．汉语学习，2002（5）：68—72

［14］李保利．汉语新闻报道中的话题跟踪与识别研究．北京大学博士学位论文，2003

［15］刘华．基于文本分类特征提取的领域词语聚类．语言文字应用，2007（1）：139—144

［16］王建勤．对外汉语教材现代化刍议．语言文字应用，2000，34（2）：9—15

［17］王新文．对外汉语新闻听读教学的原则和方法．语言文字应用，2000（4）：10—17

［18］刘华．一种快速获取领域新词语的新方法．中文信息学报，2006，20（5）：17—23

［19］刘华．改进的简单贝耶斯文本分类．暨南大学学报（自然科学版），2007，28（1）：47—50

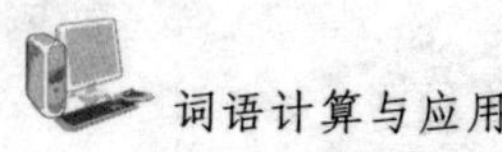

[20] 刘华．面向对外汉语教学的话题聚类研究．外语研究，2008（5）

[21] 刘华．汉语信息处理中短语优势的理据及实验证明．语言文字应用，2007（4）

4　词语主题度计算与自动标引

4.1　词语主题度数学模拟

4.1.1　词语主题度计算的理论基础

目前，文献自动标引基本上是类目、主题词和摘要分别标引，分成三个研究领域：文本分类、主题词标引和自动文摘。对文本内容进行总体标注，如分类主题一体化的研究，主要在图书情报领域常见（吴才唤，2005；何灵巧，2005）。网络信息检索领域中，也利用分类主题一体化来组织信息资源，如面向主题的文本层次模型（章成志，2004）、基于概念的中文文本可视化表示（林鸿飞，2000）。

实际上，文献综合自动标引有其共同基础，例如，文本分类的关键步骤类向量构建是基于词语权重计算和选择的，主题词标引更是直接以主题特征明显的词语为标引项，自动文摘的句子权重计算也以词语权重计算为基础。因此，文献综合自动标引都是基于词语权重计算，力图凸显主题特征明显的特征词（如领域术语）。三者在关键词主题度计算的基础上可以合而为一。

4.1.2　词语主题度数学模拟

关键词是论文标题或正文中，用以标志和表达文档主题概念的词语。关键词揭示的是文档最核心的内容，是文档的灵魂。关键词的主要特征是主题性，我们引入了主题度概念来表示一个词语对文档主题概念的表征程度。

主题度，是指在文本表示时，将文本的主题特征（如主题概念、核心内容、中心思想等）鲜明地表示出来的程度。例如，常见的虚词性成分（如“他们、因为”）的文本主题表示功能较弱，主题度低；而一些领域性强的体词性成分（如“封闭式基金”）则文本主题表示功能较强，主题度高。

那么，如何来用数学模型模拟主题度呢？通过分析关键词的特点，我们认为关键词的主题度主要表现为两个方面：

（1）邻界域。

戈夫曼提出，文献词汇的分布由高频转向低频时，可能存在着一个邻界域，由于高频词多为功能词，低频词在很低程度上是作者用词特点的反映，只有处于邻界域内的词才能真正表达文献的主题内容，这些词经过停用词表的过滤最适合做标引词。

对关键词邻界域的性质通过 $[\log(N(w_i)/N)]^2$ 来模拟表示。该含义为：总训练语料中出现次数相对较少的关键词其权重相对较高。为削弱两头高低频次的过分影响，拉近高频与低频词语的频率距离，突出频率邻界域中的词语，采用对数后平方的方法进行词语频率的平滑。这就避免了大量高频的功能性虚词（如“的、了、在、我”等）和低频的个性化词语（一些非常见的数字字母串、书面语、古语、方言词，如“TODS、围嘴儿”）的出现，同时又照顾到中低频的术语词语。当然，关键词在总语料中的出现次数并不能完全说明该词在标引中的重要性，频率相同的关键词在标引中的重要性是不同的：在各类之间分布越均匀，其重要性越小，主题度越低；反之越大。

（2）领域不均匀性（主题表征性）。

对已经专家标引的关键词作进一步分析，我们发现关键词通常偏向于专业领域里术语性较强的词语，大多就是术语。术语是专业领域中概念的语言指称，其主要特征也是主题性，关键词的

主题度就是术语主题性特征的反映。

因此，我们认为关键词主题度的本质在于其领域分布的不均匀性，关键词与领域类别密切相关，是某一领域（邻界域内）中具有一定频次的区别于其他领域内容特征的体词性成分。

方差是体现数据分布是否均匀的很好的数学指标，但从方差公式中可以看出，方差大小又受到词频大小的影响，为了消除此影响（因为词频因素将通过测试时被标注文档的词频来体现，方差需要的只是训练时词频之间的差异性表示），用方差除以该词在各类中的词频之和$\sqrt{\sqrt{\sum_j (p_{ij}-\bar{p}_i)^2}/\sum_j p_{ij}}$来表示关键词在不同类之间的分布差异性（陈克利，2003）。这是对领域性不均匀性（主题表征性）的数学模拟。

基于关键词的领域性不均匀性（主题表征性）和邻界域的综合考虑，我们认为关键词的主题度可以采取如下形式化的计算模型：

$$Ztd(w_i)=\sqrt{\sqrt{\sum_j (p_{ij}-\bar{p}_i)^2}/\sum_j p_{ij}}\times[\log(N(w_i)/N)]^2$$

其中，$p_{ij}=T_{ij}/L_j$，L_j 是类 c_j 含有的所有词的次数之和（类 c_j 是上文语料库 244 个类中的任一类），T_{ij}是词 i 在类 c_j 出现的次数；$\bar{p}_i=\sum_j p_{ij}/m$，其中 m 为类别数；N（w_i）表示训练语料中出现词 w_i 的次数，N 是训练语料中所有词出现次数之和（陈克利，2003）。

4.2 基于词语主题度的标引知识自动获取

4.2.2 专家标引的网页关键词获取①

在构建文本分类和主题词标引系统时，我们建立了一个超大规模的语料库。语料来自几个门户网站，时间跨度为 4 年（2002—2005），共约 60 万个网页，6 亿字。对 60 万个网页提取出详细的语料信息，如标题、栏目、关键词、时间、同主题链接标题和正文。

同时，通过对 4 个门户网站、3 个搜索引擎和 13 个主流报纸网站的栏目分类体系和传统分类体系的对比研究，经过同名栏目去重、相似栏目合并、异名同类栏目映射、子类栏目提炼上升等手段，最终在求得各大网站栏目共性的基础上，重点考虑“主题划分”、“生活优先”的原则，我们归纳出一个网页分类用类目体系。体系共 15 个大类，层级类别体系最深为四级，如“科技__数码__视频__数字电视”，类目总共 244 个。

将语料库的网页栏目和已建立的网页分类体系进行映射，最终，语料库存储为 XML 格式详细标注语料属性的层级分类语料库。

语料库信息汇总如表 4－1 所示（仅列举大类）。

表 4－1 15 类语料信息

类别	文件数	类别	文件数	类别	文件数	类别	文件数
游戏	22 843	旅游	18 471	汽车	21 745	教育	24 405

① 详情请参见第二章“领域新词语快速获取”。

（续上表）

类别	文件数	类别	文件数	类别	文件数	类别	文件数
经济	40 115	文艺	14 248	体育	96 120	生活男女	19 382
科技	53 126	时政新闻_国际	59 130	娱乐	23 905	时政新闻_社会	42 559
房产	19 573	时政新闻_国内	119 695	时政新闻_军事	21743	总计	597 060

在网页信息提取时，我们发现很多网页已经人工标引上了关键词。关键词往往标引在标题下面，是那些具有文本主题表示功能的词语。关键词是对一个网页的主题进行描述的关键性词语，一般一个网页约有两三个关键词。例如，一篇题为“安然高官仍受调查　前主席秘书承认犯内部交易罪”的文章的网页的关键词为“安然、内部交易罪”。这些关键词都是网站主题标引专家长期积累下来的集体智慧，是我们基于知识的标引系统收集的非常珍贵的专家资源，不仅为我们的关键词标引词表提供了来源，也为我们进行文本分类和主题词标引提供了很好的训练和测试语料。

我们在上文建立的超大规模分类语料库中抽取出其中已标注的关键词，总共获得 229 237 个词条（去重后），按网页的主题属性存储进词表，按大类形成 15 个大类的领域关键词词表，按照层级小类形成 244 个小类的领域关键词词表。

4.2.2　关键词主题度计算

在情报学上，关键词是指在论文标题、摘要或正文中，用以标志和表达文档主题概念的词语。关键词的主要特征是主题性：关键词揭示的是文档最核心的内容；关键词能高度概括和代表整个文档的基本内容，是文档的灵魂。

例如，戴璞（1998）认为“关键词表达主题概念时能准确地表达事物的本质属性”。王明燕（2003）认为“关键词是用以表示文章主题、内容、信息、款目的单词或术语，是反映文章内容的名词性术语，对文章内容具有实质性意义的词或词组，是表达文献主题概念的自然语言词汇”。杨一琼（2004）认为关键词的主要特征是“主题性：关键词揭示的是学术论文最核心的内容，是文章最基本的学术思想、技术方法的提炼与概括，具有鲜明的主题色彩，读者只要分析一下关键词，就可大致研判论文的学科类别、主题内容及可能提供的信息量”。

通常的关键词标引特别是基于词串统计的关键词标引方法，最大的问题在于流于简单的词频统计，往往过分突出了词频的影响。根据关键词主题度原理和公式，我们在构建的大规模分类语料库中进行词语的主题度训练，获得了每一词语的主题度，语料库①参见上文介绍。计算时根据文档位置加权，如标题加权系数为2，首段加权系数为1.2。

表4－2是关键词主题度倒序前40位的词语②。

表4－2　关键词主题度（倒序前40位）

词语	主题度	词语	主题度	词语	主题度	词语	主题度
的	2.721 334	有	16.226 76	没有	19.758 24	开始	22.682 62
在	8.401 299	以	16.394 04	我们	19.778 12	不	22.745 41

① 语料库具体信息参见 http：//www. languagetech. cn/corpus. aspx。

② 词语表参见 http：//www. languagetech. cn/download. aspx。

（续上表）

词语	主题度	词语	主题度	词语	主题度	词语	主题度
了	8.601 114	从	16.973 67	将	20.011 84	大	22.965 28
和	10.502 01	而	17.012 22	但	20.565 72	等	23.054 58
是	10.503 61	为	17.115 68	年	20.765 05	把	23.198 55
也	14.688 76	这	17.582 83	都	21.017 35	并	23.706 83
个	14.769 71	还	17.615 63	要	21.109 03	这是	23.857 82
一个	15.619 05	就	18.022 31	到	21.347 80	月	24.110 47
对	15.847 38	中	18.586 76	多	21.350 71	地	24.229 57
与	16.151 36	上	18.945 77	后	21.767 82	一些	24.273 96

从表 4－2 中可以看到，全部都是功能性的虚词，越常用，其主题度越低，这些词语可以作为停用词表的词语。主题度高的词语大多是主题特征非常明显的实体性词语，如“商品准入制度(480.040 9)、射线望远镜（601.958 3)、和平请愿（524.878 7)、增值税（425.988 8)、浴具（484.348 5)”。

4.3　基于词语主题度的文献综合自动标引

4.3.1　文献综合自动标引概述

爆炸式增长的信息资源缺乏内容的结构化，大大降低了人们利用信息的效率。良好的信息组织和资源表示是高质量信息利用的基石，文献综合自动标引，即类目、主题词和摘要的标引，是信息组织和资源表示的核心。因此，将文献内容以精练准确的类目、主题词和摘要表示出来，能方便用户快速把握文献内容，提高浏览和检索的效率。

目前，文献自动标引基本上是类目、主题词和摘要分别标引，分成文本分类、主题词标引和自动文摘三个独立的模块。实际上，文献综合自动标引有其共同基础，都是基于词语权重计算，力图凸显主题特征明显的特征词（如领域术语）。三者在关键词主题度计算的基础上可以合而为一。

4.3.2　文献综合自动标引总体流程①

系统基于 Windows 平台，使用 C#语言在微软 .NET 框架下完成，系统的总体流程如图 4－1 所示。

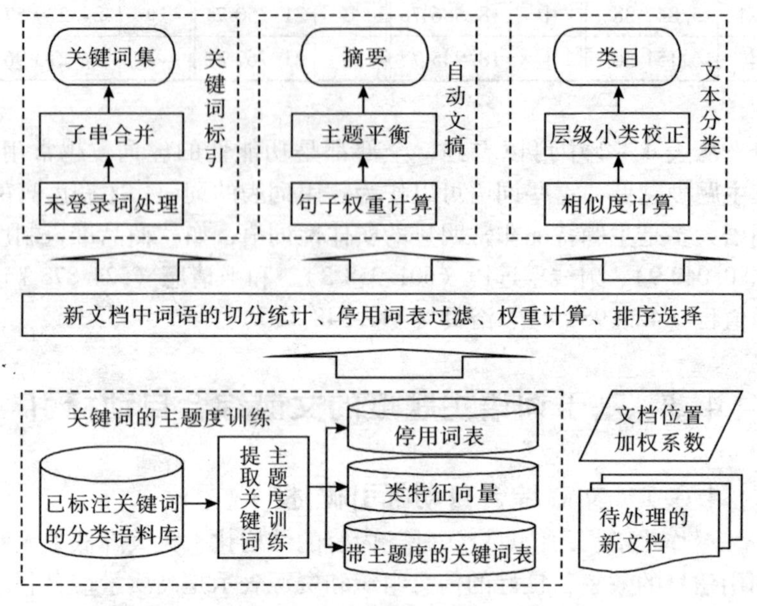

图 4－1　系统总体流程图

① 在线演示地址：http：//www. languagetech. cn/class _demo. aspx。

4.3.3 关键词文档权重计算

结合主题度和词语在具体文档中的词频，关键词在文档中的权重计算公式如下：

$$w\ (w_i,\ d)\ = Ztd\ (w_i)\ \times \sqrt[n]{p_{id}}$$

其中，$Ztd\ (w_i)$ 是词语 w_i 的主题度（计算公式见上），$p_{id} = T_{ib}/L_d$，L_d 表示文本 d 含有的所有词的次数之和，T_{id}是词 w_i 在文本 d 中出现的次数；n（$n \geqslant 1$）参数主要用来调节词频的影响，当 n 取值小时，倾向于词频高的词，当 n 取值大时，则词频的影响减弱，倾向于词频较低的词。这也是为了削弱两头高低频次的过分影响，拉近高频与低频词语的频率距离，突出频率邻界域中的词语。计算时可设定不同的 n 值，多次试验证明，n 为 3 时效果较好（陈克利）。

4.3.4 关键词自动标引实现

4.3.4.1 关键词标引综述

关键词自动标引时可根据文档的主题内容，借助计算机处理技术，自动从文档中直接抽取关键词作为标引词，因此也有人把关键词自动标引称作关键词抽取。标引的关键词是一种非标准化的自然语言，是非正式主题词。文献关键词标引存在较大的难度，准确性不高，一致性难以保证，而且需要耗费巨大的人力和物力。在信息高速发展的今天，需要标引的文献层出不穷，特别是随着网络的发展，精确专业的主题词人工标引肯定是很不切实际的。而且，网络发展对于文献标引的要求并不很高，更注重标引速度和时效，描述准确的关键词标引基本上就能达到目的。因此，在本研究中，标引的主题词采用关键词来表示。

一个文档可以表示成一个集合，集合中的每个元素是具有频数、位置和权重等属性的词语。因此，关键词标引的任务就是判断这个集合中哪些词语是关键词。关键词自动标引的任务需要解决两个主要问题：

第一，如何从文档中提取出哪些词语作为关键词候选项。

第二，怎样判断候选项是否是关键词，其依据是什么。

第一步是基础，主要是词语抽取。一般是先用词表法切出词语，检索时无须对字串的字间关系进行组配，检索速度快，但存在构造困难、更新滞后等不足，而且词表词条的数量和质量直接影响到标引质量，影响检索结果（吴春玉，2005）。另外一种是基于统计的无词表抽词法（基于字频统计的字串获取），或者切分后重新捆绑碎片（杨文峰，2001；王明燕，2003；宋华，2004）。这当中的词语组配与冗余过滤非常重要，往往容易导致一个过与不足的问题，即高频串含有太多的垃圾组配；而关键串又组配不够。目前主要采用禁用词表过滤、语言学成词规则组配过滤、基于概念的组配等（王明燕，2003；叶志清，2003）。

第二步是关键，主要包括权重计算。对抽取的词语在文中的词频、词语的相对词频、词语的反文献频率因子、词语在文中的位置、词性、词语本身的价值、词语的长度等进行分析，并引入某些统计方法，如互信息、TFIDF、最大熵等，对词语相应加权，最后按权重大小排序，并输出一些权值较大的标引词语（戴璞，1998；丁璇，2002；王明燕，2003；叶志清，2003）。

为了更准确地进行标引，有的系统往往增加一些模块，如：

（1）主题分析模块。该模块主要针对文本中的多主题问题，试图通过主题块的划分，解决关键词标引时主题覆盖不周的问题，如万敏（2003）提出的滑动窗口式主题划分算法、Salton（1994）提出的常见的基于相邻段落相似度的主题划分算法等。

（2）隐含标引模块。有些反映主题的关键词可能并不出现

在原文中，却隐含在原文内容中。只有理解了内容语义，才能将隐含的关键词标引出来。因此，有的系统增加了隐含标引模块，试图通过关键词语或概念组配、同近义词转换和聚类达到目的（李素建，2004），但实际效果并不理想。

总体上说，关键词自动标引可分为两种：基于知识的和基于统计的。基于领域知识的关键词标引通常见于图书馆文献标引领域，主要基于已有的标引资源，如“汉语主题词语表”、“中国分类词语表”及其复分表、各专科性主题标引手册等，利用文献标引规则，由专家手工标引。基于统计的主题词标引主要借助于数据挖掘和机器学习的统计算法实现，如马尔可夫统计模型和互信息、最大熵模型等。

4.3.4.2　基于词语主题度的关键词自动标引实现

基于大规模分类标注语料库，依据领域专家知识，辅以统计方法，我们完成了一个关键词自动标引系统。系统基于 Windows 平台，使用 C#语言在微软 .NET 框架下完成，针对非学术性的中文文章自动标引关键词。例如，一篇题为“万科处心积虑‘打’广州　已经获取大片土地储备”的文章，经系统处理后，输出标引结果为“房地产、土地储备、万科”。

系统的总体流程图如下：

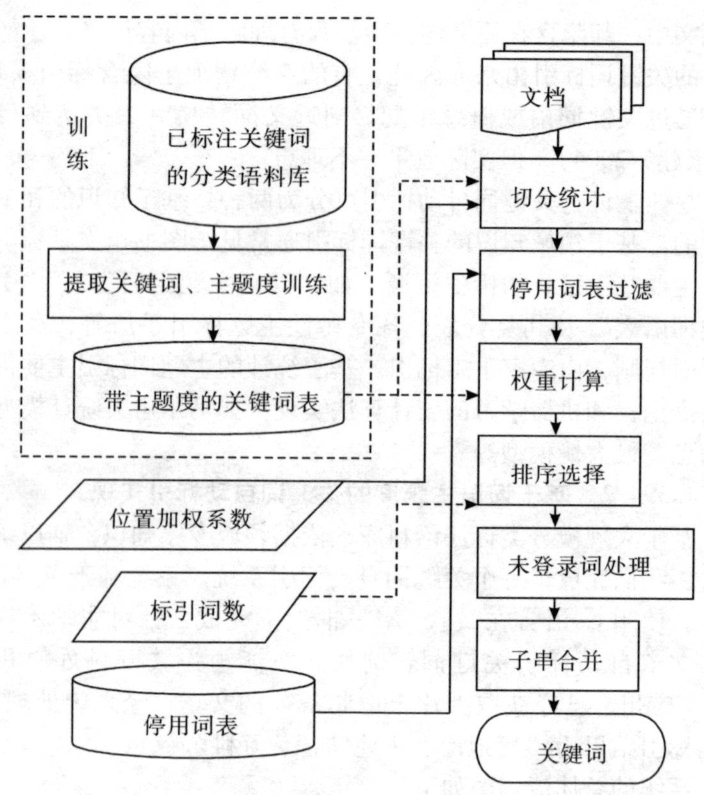

图4－2　系统总体流程图

1. 取词统计模块

我们训练用的大规模语料库共60万篇，6亿字，已标引关键词，基于这些关键词构建的词语表共32万个词条（229 237个关键词＋9万个通用词），覆盖度较高，因此，系统直接采用底表最大切分法切词，为避免遗漏可能标引为关键词的未登录词，系统在主题度计算后，将排在前几位的字词进行基于文档位置邻近原则的组合检验，再通过词频等因素筛选。这样既保证了切词

的速度，又避免了未登录词的遗漏。

停用词表直接过滤掉无用的虚词，既可以加快系统处理速度，又可以提高系统精度。停用词表共约 3 000 个词条，主要是主题意义不高的虚词，如代词、量词、数词、副词、助动词、拟声词、感叹词、介词。

统计时根据位置加权，加权时文本长度会对加权因子产生影响。例如，对一篇 100 字的文章和一篇 1 500 字的文章的标题中的词，都乘以相同的加权因子，那么，1 500 字的文章的标题中的词的词数就会湮没在整个文章中的词的词数中了，没有体现标题中的词的独特标示作用。因此，根据位置加权时，应该动态加权，即按文章正文词数动态调整加权系数。标题加权底数为 2，首段加权底数为 1.2，正文词数按 200 词分级，每增加一级，在原来系数上相应加 1。最终词次统计公式如下：

$$F_w = \sum F_{wz} + (1.2 + \lambda)\sum F_{wf} + (2 + \lambda)\sum F_{wb}$$

其中，$\sum F_{wz}$表示词 w 在正文中的计数，$\sum F_{wb}$表示词 w 在标题中的计数，$\sum F_{wf}$表示词 w 在首段中的计数，$\lambda = \sum F_{wz}/200$（整除）。

2. 主题度计算模块

词频统计后，进行权重计算，其计算公式如下：

$$T(w_i) = F_w \times \sqrt[n]{Ztd(w_i)}$$

其中 $T(w_i)$ 表示词语 w_i 的权重，F_w 表示词语 w 的频率，$n \geq 1$，可自由设置，这里 $n = 3$。如果某词语，如新的数字字母串（切分时遗留的）不在词语表中，则没有主题度。考虑到许多数字字母串也可能是关键词，如“3721、Windows XP”等，因此权重计算时将其主题度设为 350（比所有词语表中词语主题度的均值高一点）。

3. 排序选择模块

词语经过权重计算后，形成了一个哈希表，键为词语，值为权重。我们需要的关键词是权重最大的前几位词语，因此，本模块的主要功能就是词语按权值降序排列，取前若干位词为候选词。

一般的关键词标引系统标引的关键词数是静态固定的，比如3个或5个。但是，由于文章的字数不一样，每篇文章包含的内容丰富的程度也是有区别的，因此，我们认为标引的关键词数也应该根据文章长度动态确定。一篇200字和一篇4 000字的文章，如果都标3个关键词的话，显然200字文章的关键词太多，可能会出现一些主题度不高的词，滥竽充数；而4 000字文章的关键词显然不够，会遗漏一些反映文章内容的词语，以偏概全。

我们将关键词标引词数设为 m，$m = \text{iWordsCount}/300 + 3$，iWordsCount为文档总词数，“/”表示整除；即300词之内标注3个关键词，文章每增加300词，增加一个关键词。

4. 候选词再加工模块

确定关键词候选词语后，还需要对候选词进行再加工。主要包括两个方面：

（1）未登录词处理。为避免遗漏未登录词，将排在前几位的候选词进行基于文档位置邻近原则的组合，再通过词频等因素筛选出新的组合后的关键词。

（2）子串合并。当候选关键词中含有长短串互相包含的词语时，如“基金（0.875）、封闭式基金（0.752）”，应该将二者合并为一个。在合并时有两个原则可供选择：权重优先或长串优先。权重优先表示按照原来权重计算结果的顺序输出权重大者；而长串优先基于如下的假设：含字数多的串，其意义专指度更高，更适合标注为关键词。因此，上面两个候选词可以合并为“基金［封闭式基金］”（权重优先时）或“封闭式基金［基

金]”（长串优先时）。系统默认为长串优先，用户也可以根据自己的需要选择合并方式。

4.3.4.3 关键词自动标引测试

目前，国内外尚无统一的主题词标引测试集，也缺乏具体可行的测试方法，基本上都限于由专家人工目测，按照专家认可的程度打分；或者与已经人工标注好的小测试集进行对比，如果机器标注的主题词在人工标注之内，则得分。

著名情报学家 Lancaster 曾提出了两个评价标引有效性的指标：标引的网罗度和专指度。网罗度（exhaustivity）是标引词表达文献主题的广度，抽出的主题词越多，网罗度越高，但网罗度太高，查准率就会降低；专指度（specificity）是标引词表达文献主题的准确程度，选用专指度高的标引词越多，查准率越高，但专指度太高，查全率就会降低。在实际运用中，这两个指标存在操作性问题（王兰成，2005）。

王兰成（2005）引入了最大相似率（maximum similarity）和基本相似率（basic similarity）。最大相似率是自动标引结果中存在的手工标引结果词与手工标引结果全部词之比，仅限于词形完全相同的百分率，又称完全一致率。基本相似率是自动标引结果的全部词或其同义词、词族索引二级以内的词中存在的手工标引结果词与手工标引全部词之比的百分率，又称基本一致率。

仲云云（2002）则根据手工标引词与自动标引词的同形比率、同近义词相似率，系统地采用四种测评方案进行评测。

“863”项目组 2004 年的关键词自动标引评测标准规定如下①：

关键词质量由主题的反映度和要点的覆盖程度综合评价：

（1）主题的反映度：关键词真实反映了原文主题的程度。

① 汉语自动文摘评测大纲（征求意见稿），刘洋，2004。

（2）要点的覆盖程度：每篇文章可能有几个要点，关键词集应当覆盖所有要点，而不是仅针对一个要点给出几个意义相近的词语。

关键词质量指标人工评测标准，专家进行人工评测时采用3分制，其评分标准如下：

（1）3分：每个关键词都准确地反映了原文的主题，并且覆盖所有要点；

（2）2分：每个关键词都准确地反映了原文的主题，但是没有覆盖所有的要点；

（3）1分：给出的关键词中有一部分反映了原文的主题，其他的没有反映原文的主题；

（4）0分：给出的关键词都没有反映出原文的主题。

但是，这些测试方法尚不够科学，测试点不太明确，测试方案较粗，而且受专家语感影响比较大。我们认为关键词标引的核心在于：未登录词；特征词的主题表现能力；冗余关键词去重；多主题问题；隐含标引。根据这些核心问题，我们设计了包含几个测试点的多点综合测试方法，主要有以下五种：

（1）词语完整度：主要针对未登录词，特别是那些由已登录词语搭配而成的新词语。例如，一篇题为“银监会发布银行股改方案”的文章中，“银监会”、“银行股改”是应该标注的主题词，但在一般的分词或词串统计结果中，“银监会”是一个未登录词，可能标不出来；而“银行股改”则可能会分开为“银行”和“股改”。显然，“银行”、“股改”或“银行”+“股改”不如“银行股改”完整度高。

（2）特征重要度：关键词主题特征是否明显。标引的词语应该是能反映主题特征的，这就需要在权重计算时不仅减少常用词，而且应该凸显主题特征明显的词语。通常的主题词标引特别是基于词串统计的主题词标引方法，最大的问题在于流于简单的

词频统计，往往过分突出了词频的影响。

（3）词语冗余度：同近义词、子串是否合并。相同、相近、相关和互包含的词语应该合并计算，以避免重复出现，如“物业管理、物业、管理”。这不仅造成重复词的出现，而且由于重复词语占用了标引词数，真正应该标引的词语会因为标引数已满而被排除在外。如一篇题为“物业管理急需整顿，黑保安权利谁来保护?”的文章，文本权重计算排序后前几位候选词为“物业管理、物业、管理、黑保安、维权”，主题词标注数为3。如果不进行合并，则输出“物业管理、物业、管理”，漏掉了“黑保安、维权”；同近义词合并后，则会输出理想的结果“物业管理（物业、管理）、黑保安、维权”。这实际上也牵涉到下一个测试点。

（4）主题覆盖度：是否准确覆盖多主题内容，这是关键词标注容易犯的一个毛病。对于多主题文档，主题的划分是个关键问题，如果解决不好，将造成过分突出某一主题的毛病，甚至根本没有标注出其他主题的关键词。理想的应该是根据各主题的分布比例，同比例输出关键词集。

（5）专家认可度：关键词标引专家认可程度，这是一个依赖专家语感，对标注结果进行总体评判的测试细目。希望专家根据自己的语感，给出一个总体的可接受程度的分值。

我们的测试集共有105个XML文件，其中经济、科技类文档约占一半。

测试方法可以采用如下两种：

（1）与原网页关键词对比，参照仲云云（2002）的方法得出孰优孰劣的结论。

（2）按照上述测试点进行人工综合打分。

由于第一种测试方法中人工标引太过主观，因此我们只采用了第二种测试方法。测试时，针对上面几个测试点，两人分别对

105 个文件进行人工打分，打分时对每一测试点分别打分。然后，对每一测试点计算其平均分，如表 4－3 所示。

表 4－3　测试点测试结果之平均分

测试点	平均分
词语完整度	8.9
特征重要度	8.2
词语冗余度	8.3
主题覆盖度	7.2
专家认可度	7.8

最后，计算出各测试点的综合平均得分，约为 8.08。

需要特别说明的是，由于专家标引关键词本来就很不一致，几个专家分别标引，都有可能存在较大的分歧，加上打分时受人工主观性的影响，这种测试方法也很不客观。以后可以考虑由若干标引专家（如 5 个或 8 个）对每一篇文章分别预先标引出关键词，然后求出他们标引结果的交集，作为该文章的标准关键词集。再拿系统自动标引的结果与之对比，按照重合程度和位置差异综合打分，这样可能更客观些。

主题词标引时，相同、相近和相关的词语应该合并计算。目前采用的方法是对候选词进行子串合并，这只是机械匹配的过程，并未涉及语义。理想的方法是利用上文构建的关键词聚类库进行候选词的聚类，将同、近义词聚成堆，合并计算权重，重新排序输出。对标引中的多主题问题和隐含标引基本上未触及（子串合并涉及多主题问题），这也是以后工作的重点和难点。另外一个严重问题是关键词标引的测评。虽然我们针对关键词标引中几个主要的核心问题（未登录词；特征词的主题表现能力；

冗余关键词去重；多主题问题；隐含标引）设计了几个标引测试点，但实际操作起来主观性仍较强。因为标引专家个人前后标引的一致性很难保证，几个专家对同一篇文章进行标引时更是难以达到一致。在这种标引专家都无法客观标引的情况下进行自动测评，效果肯定难以得到保证。

4.3.5 自动文摘实现

（1）文本表示。在词语权重计算的基础上，生成文本的 vsm 表示。

（2）综合加权。对由以上处理获得的篇章中的段、句、词的信息进行综合加权，得到段、句、词的综合权重。综合加权除统计信息外，还包括句子位置信息等。

（3）句子计算。对每一段计算各个句子的权重，将句子权重按从高到低顺序排列，输出占全文一定比例词数的前若干句子，按照它们在原文中的出现顺序输出，输出比例由用户自定，如 25%。

4.3.6 基于关键短语的立体文本分类模型

4.3.6.1 文本分类综述

1. 文本分类与关键短语

文本分类的理论研究比较成熟，而且也出现了一些初步的应用系统。文本分类的研究主要围绕算法方面进行，如特征提取、权重计算、分类模型算法的分析与改进。相对来说，文本分类需要的资源方面的研究较少，如文本表示中特征项的粒度选择和获取，特别是对概念、短语、词和字究竟哪个更适合作为文本表示的特征项的问题缺乏系统的研究。我们认为文本分类的进一步改进不仅在算法方面，还应该立足于影响文本分类最底层、最根本的因素，即文本表示中的特征项，文本分类的改进应该专注于提高特征项的完整独立程度。

相对于字、词和 N 元组，关键短语（key phrases）结构稳定、语义完整、统计意义较强，更有利于表达文本内容特征，提高文本分类的效果。本章从语言学、认知心理学和言语习得、计算语言学等方面寻求关键短语优势的理据；对关键短语进行了界定；通过抽取网页上专家标引的关键词构建了共 32 万个词条的含关键短语的大词语表；实验证明在含约 3 万篇文章的测试集上（共 15 个大类，244 个小类），与以词为特征的文本分类相比，以关键短语为特征的文本分类的大类微平均提高了 3.1%，小类微平均提高了 15%。

2. 文本分类与立体模型

文本分类属于有指导的机器学习，它利用预定义的文本类别和训练文本学习到分类模型，从而确定新文本的类别，在方法路线上主要包括基于知识的和基于统计的两种。目前，文本分类的理论研究比较成熟，而且也出现了一些初步的应用系统。但仍然存在一些尚未得到很好解决的基本问题，如现有文本分类系统基本上都是平面分类（有一些简单的层次分类系统），把文本类看作是相交的，处在一个平面层次上。这是一种典型的扁平分类的模型，这种扁平的线性分类方式极大地限制了用户查找信息的深度与广度。而实际上文本概念类别之间存在层次关系，而且在类别之间还存在交叉，一篇文本可能属于两个或多个类别。

实际上，由于网络信息的多元性、用户及其信息需求的多样性，单一的逻辑划分法无法满足信息的组织与检索的需求，网络分类体系为适应信息检索的目的，它的类目划分标准不是单一的，而是采用了“多元划分”与“多重列类”的方法。“多元划分”即同一级类目采用主题、学科、资源类型、国别、时代等多种标准划分。多元划分有效地缩短了分类体系的级次，减少了换屏次数，节省了检索时间，给用户带来了极大的方便。而

"多重列类"即将同一类目多次重复反映，使用户能从不同的入口检索，适应了用户的不同思维方式，达到通过多入口及路径检索到同一目标信息的目的。

这种立体的分类体系要求我们在构建文本分类系统时也得考虑采用立体的分类模型。在本研究中，我们将文本分类定义在一个宽泛的范围内，分类结果包括概念层次高的大类和具体专指性强的小类，这是一个层级的分类系统；而且，考虑到类别之间还存在交叉，一篇文本可能属于两个或多个类别，我们采用兼类多标签分类策略，一篇文档可能归入不同的几个类。

这就避免了文本分类中常见的扁平分类缺陷。从文献保证的角度，能多角度反映网络资源的内容分布情况，保证了准确全面地反映资源的内容属性；从类目检索入口的角度，又能够提供多维检索入口；从检索效率的角度，既保证了查询的准确率，又兼顾了查询的查全率，提高了检索效率。

4.3.6.2　关键短语：分类特征选择的分析与改进

1. 分类特征选择的分析

基于统计的分类算法是主流，主要包括以下几种分类模型：相似度模型（Rocchio、K－近邻）、概率模型（贝叶斯）、线性模型（LLSF、SVM）、非线性模型（决策树、神经网络）、组合模型。对于这些分类算法，国内外很多研究者都进行了客观评测。

很多实验证明，无论分类算法如何改进，分类效果总是难以提高，而且众多分类算法在训练集充分的情况下，几乎没有什么区别。在周雪忠的实验中，统计数据表明，词频特征表示的TFIDF/Rocchio的分类准确率在测试集相对充分时高于SVM，在特征表示和分类器相结合的实验中，TFIDF/Rocchio（W）取得了最好的效果，最后他得出结论，采用相对高维的特征表示（如词）和简单的分类方法（如TFIDF/Rocchio）即可达到理想的分类性能要求。另外，Yiming Yang 和 Xin Liu 对五种文本分类方法进行了受限的统计显著性测试研究：支持向量机（SVM）、K－近邻（KNN）、神经网络（NNet）、线性最小平方拟合（LLSF）映射和朴素贝叶斯（NB）。结果表明，当训练集平均、每个类中的正例数目较少时（少于10），SVM、KNN 和 LLSF 比 NNet、NB 显然要好；而当处理大分类（超过300个正例样本）时，所有的分类方法性能相当。这些都证明在算法改进和提高分类效果的基础上，文本分类效果的进一步提高已经不能单纯依靠算法了。

在基于统计的文本分类方法中，向量空间模型基于这样一个关键假设：文章中词条出现的顺序是无关紧要的，他们对于文档的类别所起的作用是相互独立的。但实际上，句子中词条之间远不是独立的，同样的词条集合，组合顺序不同，其表达的含义也不同。由此，向量空间模型一个很大的缺陷在于它没有考虑文本上下文之间的语义关系和潜在的概念结构（如词汇之间的共现关系、同义关系等），特征项之间独立性不够，不能充分反映出文本的总体面貌。在概率模型中，也存在类似的贝叶斯假设，即特征之间被假定为是相互独立的。

正是因为从根本上难以克服贝叶斯假设和向量空间模型的先天缺陷，因此，基于其之上的很多算法准确率都不高。最基本、最有效的改进还应该是从向量空间模型和概率模型的文本表示入手，提高特征项之间的独立性，比如用语义概念、词汇之间的互信息或搭配来提高特征项满足独立性假设的能力。例如，“医药”词语只会归类到“医药”类；“板块”词语则倾向于归入“地理”类；“医药板块”短语语义更独立完整，更适合表示文本内容，可准确分到“经济_股市基金”类。

这在汉语中体现得尤为明显。由于汉语是语义型语言，和英语相比，更加讲究意合，形式化程度较低，符号之间的搭配受规

则限制较少，位置灵活自由，受潜在语义的制约，因此，向量空间模型和贝叶斯假设的先天缺陷可能还要放大些，在英语中表现较好的统计方法使用在汉语中可能还要打些折扣。

既然众多实验证明了文本分类改进的方向不仅在算法上，统计算法难以从根本上克服贝叶斯假设和向量空间模型的先天缺陷。因此，我们认为文本分类的改进还应该立足于影响文本分类最底层、最根本的因素，即文本表示中的特征项。文本分类的改进应该专注于提高特征项的完整独立程度。

目前，文本分类中表示文本特征的特征项包括字、词、*N* 元串、短语和语义概念。从理论上来说，应该是长的短语（句法级）优于词（词语级），语义概念（语义级）优于短语。但由于目前自然语言处理水平的限制，多数信息处理的应用系统，如文本分类和信息检索系统，采用词作为特征，少见的系统采用 *N* 元组（*n* - gram），目前的结论倾向于认为以 *N* 元组为特征项与以词为特征项的分类效果基本相近或前者比后者有所提高。O. Zamir 也通过实验说明了在英语中短语由于其“固定性”和“有序性”而优于固定长度的低价 *N* 元字符串；也有一些系统采用字作为特征，但这只会提高速度，不会提高准确度；还有一些则利用语义词典（Hownet、Wordnet 或同义词词林）进行特征的语义概念表示或进行潜在语义索引和语义 SVM 表示来改善分类效果，但语义资源获得较难，覆盖度不够，而且算法复杂度较高。

总的来说，相对于字、词和 *N* 元组，短语结构稳定，具有一定的凝固性；在大规模真实文本中具有一定的流通度，并非临时性的组合，可重用性强，具有统计上的意义；表意完整单一、所指明确，在意义上有一定的完整性和专指性。和语义概念相比，短语获得比较容易。因此，短语更适合作为文本分类的特征项，有利于表达文本内容特征。

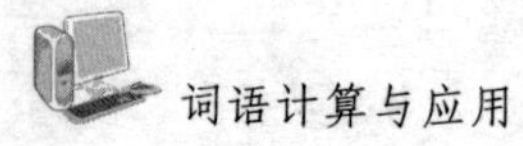

2. 短语优势的理据

在语言学、认知心理学和言语习得、计算语言学等方面，我们可以找到短语优势理论上的依据。

（1）语言学上关于“词组本位”的论述。

朱德熙先生明确提出了“词组本位”的思想，认为在语素和词、短语、句子这三级语法单位中，语素、词、短语都是组成关系，即语素组成词、词组成短语，而短语和句子则是实现关系。汉语三级语法单位形式上存在连续性，没有天然分隔界限，在构造上基本采用相同模式。短语处于静态单位（语素、词）和动态单位（词和短语结合形成的小句和句子）的交接处（吕叔湘），在内部结构上，短语和词发生关系；在外部功能上，短语则和句子关系密切。短语兼具结构单位和功能单位的双重角色。选择短语作为语法描述系统的切入点，对词的属性判断可以直接在构成短语时得到检验，对句子的分析理解也可转化为对短语的层层剖析。短语本位语法体系以短语构造规律的研究辐射对词和句子性质的探求，理顺了三级语法单位之间的关系。

（2）计算语言学上的“短语方法”。

乔姆斯基认为人的语言知识的基础部分包括语法规则和词典两个部分（Chomsky，1965）。近年来，计算语言学家认识到不能把语言知识严格地分为词典和语法规则两个部分。Wilensky（1984）提出了“短语方法”，提出把短语和词一样放到词典中；Zernick 和 Dyer（1987）则主张把能产的和非能产的短语都放到词库中，甚至主张不要语法规则，用短语库代替语法规则。机器词典中除了收入普通的词之外，还需要收入一些较凝固的短语，如世界著名的机器翻译公司 SYSTRAN 的汉英机器翻译系统的词典规模达到 60 万，其中就收入了大量的短语。

短语的“内部结构比较稳定，往往作为一个整体和句子中的其他成分发生作用，并且它的构造原则和句子的构造原则也基

本一致”。在计算语言学界，目前的一个主要领域是对短语的研究，比如短语的自动划分和标注或者组块分析。

（3）认知心理学上的“语块”与“长串切分”。

1956 年，Miller 指出短时记忆的容量是 7 ±2 个单位，这就是记忆广度（chunk）。语块被看作是记忆的单位，它因人们认知结构和以往经验的不同而有大有小。虽然短时记忆容量很小，但人们可以借助自己的已有知识和经历对信息进行组块，大脑采取最大限度扩大存储单位的方法，即采用长串切分的方法，使得信息迅速、高效地编码，以语块形式储存的信息也便于日后检索和提取，这便是记忆的组块效应。

认知心理学家也从传统的语义学所定义的“词位”角度进行研究，认为语言中词和短语的整体性识别容易形成反应模式。Freeddle（1979）的研究证明，在模式反应中语言反应时间并不随单位的长度增加而增加。Osgood 和 Hoosain（1974）的研究也说明，熟悉的复合名词的识别速度与同样长度和频率的单词识别速度相同。因此，在相同反应时间控制下，加大识别单位的长度，更有利于语言理解过程的进行。

在言语习得中，“词汇短语”是一串作为整体储存在脑中的词，可以以预制板块的形式被提取和使用，其形式可以原封不动，或是稍作改变。研究发现，在母语学习者的言语表述中很大一部分是词汇短语，词汇短语对语言学习者语言的流利度和地道性起着重要作用。

3. 关键短语的界定和获取

（1）关键短语的界定。

简单地说，关键短语是具有强文本表示功能的特征短语。所谓强文本表示功能，是指在文本表示时，能将文本的内容特征（如领域类别、主题思想、中心意义等）鲜明地表示出来。例如，常见的虚词性成分（如“总而言之”）的文本表示功能较弱，而一些领域性强的体词性成分（如“封闭式基金”）的文本表示功能则较强。具体地说，可以从三个角度来界定关键短语：

A. 结构上：结构较稳定，具有一定的凝固性。

B. 语义上：表意完整单一、所指明确，在意义上有一定的完整性和专指性。

C. 统计上：在大规模真实文本中具有一定的流通度，并非临时性的组合，可重用性强，具有统计上的意义。

从关键短语的定义及其三个界定以及词与短语的界限模糊性来考虑，我们定义的关键短语是包括短语和词的，只不过由于“强文本表示功能”和“语义的完整性和专指性”的限定，词占的比例较小。

当然，上面三个界定还需具有可操作性，下文中我们将会利用文本分类的特征提取方法提取和聚类关键短语，进一步对关键短语作出形式化与定量化的界定。

（2）关键短语与短语。

关键短语当然是短语。但通常所说的短语范围很广，包括三类：自由短语、固定短语和类固定短语（或半固定短语）。自由短语多是一些临时性的组合，如“群众的智慧、听不明白、讨论问题、所提的意见、开会前、这几个”等，通常也叫非固定短语。这些短语中的成分只要符合语义和句法上选择性的要求，即可自由替换，但在真实文本中的统计意义不强，用它们来表示文本特征显然并不适合，因此，自由短语首先被排除在关键短语之外。

固定短语的内部构成成分相对稳定而不能随意替换，也可看作是短语化了的词，主要是成语，还包括口语色彩较浓的惯用语，如“闭门羹、露马脚”。它们一般都收入了词表。固定短语，比如成语和惯用语，大多古已有之，多出自古代的作品、故事传说（如走马观花、刻舟求剑）或现当代的固定搭配（如百

花齐放、力争上游、露马脚）。它们一般具有表意的双层性特点，其整体意义和字面意义不一致，容易使人产生联想，运用起来能收到生动、形象、言简意赅、耐人寻味的修辞效果。这显然也不符合关键短语的表意完整单一、所指明确的特点，基本上也被排除在外。

还有一些介于二者之间的、处于模糊地带的半固定短语，我们称之为词语搭配（collocation）或词汇化短语（lexical phrase），如“可视电话、社会效益、规章制度、浮动利率”等，这些组合有自己的语法结构，也可以用规则加以描述。它们在被翻译成另一种语言时，经常不能用词对词翻译的方式，说明这些短语在结构上具有一定的凝固性，在意义上有一定的完整性和专指性。

半固定短语正是我们需要重点关注的对象。和词、固定短语相比，半固定短语具有更强的语义单一性，往往语义结构稳定，没有歧义，能够更好地表达或指向语义概念。相反，词的灵活性则更大，语义结构不够稳定，往往易产生歧义。和自由短语、分句或句子相比，半固定短语又具有结构稳定的优势，而且具有统计学上的意义。半固定短语不仅具备自由短语、分句或句子所不具有的稳定性，而且具备词、固定短语所没有的语义单一性，很适合表达文本内容的特征。

命名实体、本体、术语的基本特征都是领域相关性，语义专一完整、结构固定，它们都是关键短语的一部分。

在情报学上，主题词又称叙词（即正式主题词），是在标引与检索档案时，主题词表中规定用于表达档案主题概念的词语①。文献标引中关键词是指出现于论文标题、摘要或正文中，对表征论文主题内容具有实际意义的词语。关键词是一种非标准化的自然语言，是非正式主题词。从二者的定义来看，它们的主

① 中华人民共和国档案行业标准—档案主题标引规则—DA/T19－1999。

要特征也是领域（主题）相关性，根据我们对关键短语的界定，其也应该是关键短语的一部分。而且，文献标引中的关键词正因为其是一种非标准化的自然语言，与命名实体、本体、术语和主题词的严格科学性和固定来源不同，它来源很广，数量很多，将会是关键短语主要的构成来源。

（3）关键短语的获取。

目前，国内外有许多基于规则、统计或规则与统计相结合的短语发现方法。主要用到的方法包括：类词语切分边界确定的，基于 HOWNET、知识图、最大熵、SVM、决策树、神经元网络或隐马尔科夫模型的，统计与错误驱动相结合的，等等。在词语的关键程度计算（文本分类中的权重计算）方面也提出了一些算法，如 Bootstrapping、互信息、TFIDF、最大熵等。

目前，我们主要通过大规模地抽取门户网站网页上专家标引的“关键词”来获得原始的关键短语。“关键词”是对一个网页主题的描述词语，是文本主题表示功能强的词语，多为短语，基本符合我们对关键短语的定义。一般一个网页有约 3 个关键词，例如一篇题为“安然高官仍受调查　前主席秘书承认犯内部交易罪”的文章的网页的关键词为“安然、内部交易罪”。这些词语往往结构固定、语义完整，是领域中的关键短语，如“保修证明书、手机操作系统、精确轰炸”。

抽取时只针对网页中主题性的“关键词”链接，如“<meta name = "keywords" content = "安然 内部交易罪" >”；并非标题性的链接，如“<meta name = keywords content = "萨达姆辩护律师借口伊拉克骚乱要求推迟复审" >”（主题性和标题性的链接在网页中很容易区分，它们在网页的不同位置）。而且，抽取后还需利用“长度 + 频次”的方法进行排错处理，方法如下（以经济类抽取的关键词为例）：在 17 058 个词语中，词次大于或等于 4 的词语，由于是多次出现，避免了笔误、超常词语或标

题性句子（如“虐人”、“萨达姆辩护律师借口伊拉克骚乱要求推迟复审”）等偶尔出现的错误情况，100% 正确。词次小于 4 特别是词次为 1 的词语，有一些是上面提到的笔误、超常词语或标题性句子，但比例很小，在 4 079 个词语中总共发现了 11 个，大多是形如“萨达姆辩护律师借口伊拉克骚乱要求推迟复审”这样标题性的小句，词次都小于或等于 2（基本上为 1）。因此，对从关键词中抽取的所有类的词语，我们只对词次小于或等于 2 的词语进行了排错，结果表明错误率等于 0.25%。

超大规模层级分类语料库的时间跨度为 4 年（2002—2005），约 60 万个网页，6 亿字，15 个大类，层级类别体系最深为四级，如“科技__数码__视频__数字电视”，类目总共有 244 个。从 60 万个网页的 57 万个（3 万为部分测试集）中抽取出其中已标注的关键词，总共 229 237 个词条，按原来网页的主题属性存储进词表，形成 15 个大类的领域词表（按层级小类形成 244 个领域词表）。

虽然这些“关键词”文本表示功能较强，但由于网站标引的非严格性，仍然需要结合关键短语的定义，利用文本分类中的特征选择方法进行进一步的筛选。

公式一：训练时，关键词在类中的权重计算公式如下：

$$w(w_i,c_j)=\sqrt{\sqrt{\sum_j(p_{ij}-\bar{p}_i)^2}/\sum_j p_{ij}\times[\log(N(w_i)/N)]^2\times\sqrt[n]{p_{ij}}}$$

其中，$p_{ij}=T_{ij}/L_j$，L_j 是类 c_j 含有的所有词的次数之和，T_{ij} 是词 i 在类 c_j 出现的次数；$\bar{p}_i=\sum_j p_{ij}/m$，其中 m 为类别数；$N(w_i)$ 表示训练语料中出现词 w_i 的次数，N 是训练语料中所有词出现次数之和；$n\geqslant 1$。

由于无法进行召回率的计算，只计算了准确率。以经济领域为例，分别取聚类后（含 32 万个词的底表，$n=3$）的前 1 000、

2 000、3 000、4 000、5 000 个词语，人工进行评测，但这种人工评价方法主观性较强。评价结果见表4-4：

表4-4 准确率

领域	正确词数（个）	抽取到的总词数（个）	准确率（%）
经济	962	1 000	96.2
	1 916	2 000	95.8
	2 870	3 000	95.6
	3 814	4 000	95.3
	4 737	5 000	94.7

4.3.6.3 文本分类立体模型的分析与改进

根据文本立体分类模型，一篇文档，在类目体系树的纵向坐标上，属于一个线性层级系统；在类目体系树的横向坐标上，属于一个兼类交叉系统。综合起来，二者属于交叉多层级的立体系统。例如，一篇描述微软新品软件发布的文档既可以归为科技类的“科技_电脑_软件_操作系统”，也可以归为经济类的“经济_产经_产业新闻”。

因此，文本立体分类模型算法的关键在于从纵横两方面解决下面两个问题：

(1) 层级分类，即如何将文本从粗糙的大类一级一级分到具体专指性强的小类。

(2) 兼类分类，即如何判定文本是否属于多类，且属于哪几类，顺序如何。

1. 双向层级小类校正算法

目前，有一些系统采用了层级分类，如战学刚（2000）、杨亮（2004）等人的研究成果。他们通常采用单向的层级分类算

法，根据类别的层次结构，自顶向下逐层分类，每一次细分都是在某一个上级类的内部层级小类中进行的，所以分类的准确率会有变化。同时，与进行所有大类的所有层级小类比较不同，逐层内部分类减少了比较次数，提高了效率。但是，他们都没有提供详细的数据来说明自顶向下的逐层分类方法是否会影响精度和计算效率。

与通常的单向层级分类算法不同，我们采用双向的层级小类校正分类算法分类。

双向层级小类校正的分类算法描述如下：

第一步，初次大类分类计算后，排序得到两个最大可能的大类（单向层级分类只取一个大类）。

第二步，在两大类各自的层级类别系统内部再分类，直至各自类别系统的叶结点（最后的小类），得到两个最终的层级类目名称，如“科技__数码__视频__数字电视”。

第三步，对两个层级小类进行可能性大小比较，按照大小重新排序，输出最大可能的层级小类名称（允许兼类时，根据两小类的比值决定是否输出两个兼类类目）。

这是按照层级小类重新校正大类的过程，因此有可能原来第二大类的层级小类会排在第一而输出作为最终分类结果。

例如，初次分类后，大类 1 > 大类 2（体育 > 科技）；大类各自的层级类别系统内部再分类后，层级小类 2 > 层级小类 1（科技__电脑__硬件__主板 > 体育__球类__乒乓球），输出“层级小类 2 ‖ 层级小类 1”（允许兼类时，科技__电脑__硬件__主板 ‖ 体育__球类__乒乓球），或“层级小类 2”（不允许兼类时，科技__电脑__硬件__主板）。

2. 兼类和阈值选择

一般文本分类系统判断兼类多标签的方法如下：

给定合适的判决权值（或称阈值）δ，如果 φ（d，Ci）> δ，

则 $d \in Ci$，且文本相对某一类的终分类器值 | （d，Ci） | 越大，其属于（或不属于）该类的置信度越高。其缺点在于权值确定缺乏形式化根据，主观性太强。而且，兼类判断方法到底是否有效（兼类有可能会降低分类效果），尚无确切的数据证明。

在实际生活中，人们看到一篇兼类文档时，往往难以确定归入哪一类，觉得分到这一类也可以，分到那一类也可。这说明这篇文档与人脑中预定的某几个类别都相似，从而难以判断。因此，我们认为文档兼类就是文档与某几个类都非常接近，其实质是文档与某些类的几个终分类器值之间是否接近，而非是否在阈值之上（当然，前提是这几类的分类器值足够高）。因为有可能几个类的终分类器值都在阈值之上，但这几个终分类器值却相差很大。

与传统的判决权值判断法不同，我们提出文档兼类应该以终分类器值之间的相似度差异为判断条件来判断兼类与否：

对于文档 d，预定义类别集合 $\{C1, C2, \cdots, Ci, \cdots, Cn\}$，终分类器值集合 U，$U = \{K1, K2, \cdots, Ki, \cdots, Kn\}$，分类函数 φ，$Ki = \varphi(d, Ci)$。给定合适的阈值 δ，$\delta \geqslant 1$，如果 $Div(Kf, Ks) \leqslant \delta$（$Div$ 表示 Kf 除以 Ks），且 $Kf \in U$，$Ks \in U$，$Kf \geqslant Ks \geqslant Ki$，则 $d \in \{Cf, Cs\}$。

也可直观表示为：

IF [(iKindFirst / iKindSecond) ≤δ]
THEN：Kind = KindFirst + KindSeond

即如果文档的第一大终分类器值除以第二大终分类器值的商小于或等于某一阈值，则兼类。其中，δ 需要在不断试验后确定。

4.3.6.4 分类的训练（测试）集和测试方法

1. 分类的训练（测试）集

训练和测试语料来自我们构建的超大规模层级分类语料库，约60万篇段落级XML标注文档，共6亿字，分为15个大类（见表4-5），244个层级小类，如“教育_考试培训_职业技能_EMBA”。

表4-5 超大规模层级分类语料库

类目	文件数	类目	文件数
游戏	22 843	旅游	18 471
经济	40 115	文艺	14 248
科技	53 126	时政新闻_国际	59 130
房产	19 573	时政新闻_国内	119 695
汽车	21 745	教育	24 405
体育	96 120	生活男女	19 382
娱乐	23 905	时政新闻_社会	42 559
时政新闻_军事	21 743	总计	597 060

由于训练集太大，测试只采用了约6万篇，和训练集的比例约为10∶1。训练集和测试集的类别构成基本上同比例等于总语料类别，都标注了立体层级类目。测试语料有部分已经人工初步校对，5 724篇文档已标记为兼类，约占总测试集的1/10。分类产生兼类时，这两类往往都可以作为文档的类目，较少存在主次之分，因此，兼类时的打分方法比一般的较宽松些。

2. 测试方法

测试时采用如表4-6的方法打分：

表4－6　测试打分表

专家分类	系统分类	得分
*K*1	*K*1	1
*K*1	*K*1，*Kx*	0.85
*K*1	*Kx*，*K*1	0.7
*K*1，*K*2	*K*1，*K*2	1
*K*1，*K*2	*K*2，*K*1	0.85
*K*1，*K*2	*K*1	0.85
*K*1，*K*2	*K*2	0.7
*K*1，*K*2	*K*1，*Kx*	0.7
*K*1，*K*2	*Kx*，*K*2	0.55
*K*1，*K*2	*Kx*，*K*1	0.4
*K*1，*K*2	*K*2，*Kx*	0.4

其中，*K*1 代表第一大类，*K*2 代表第二大类，*Kx* 代表分类系统产生的其他分类结果。

测试量化指标采用准确率（*P*）、召回率（*R*）、综合分类率（*F*1）及其微平均和宏平均的测试参数①。

3. 分类算法选择

面对众多的分类算法，选择一个适合自己的算法是个必须考虑的问题。考虑到我们面对的是大规模实时更新的网页语料，分类算法的速度至关重要，简便快捷是其首要条件。

从上面第一节的分析中可以看到，训练集充分和高维特征表

① 限于篇幅，测试参数的详细解释及计算公式请参考 SEWM2005 公布的中文网页分类评测指南，网址：http：//www. cwirf. org/Evaluation/CCT. html。

示是分类高性能的关键，除了分类算法，文本分类的关键还在于如何提高特征项满足向量空间模型和概率模型独立性假设的能力。实际上，这都是文本表示的问题。相对于词，关键短语是复杂特征项，包含更丰富的语言学信息，如句法搭配、语义制约，自足性、独立性更强；充分的6亿字语料集（训练集5.7亿），则更能保证关键短语的出现及其出现语境，部分解决数据稀疏问题。二者都有助于文本表示的合理有效。

考虑到上面的因素，我们采用高维的关键短语特征项结合简单的VSM相似度计算的分类方法进行文本分类。VSM相似度判定采用基于VSM（Vector Space Model，向量空间模型）的夹角余弦法①。

公式一：训练时，关键词在类中的权重计算公式如下（陈克利，2003）：

$$w(w_i,c_j)=\sqrt{\sqrt{\sum_j(p_{ij}-\bar{p}_i)^2/\sum_j p_{ij}}\times[\log(N(w_i)/N)]^2\times\sqrt[n]{p_{ij}}}$$

公式二：测试时，关键词在文档中的权重计算公式如下（陈克利，2003）：

$$w(w_i,d)=\sqrt{\sqrt{\sum_j(p_{ij}-\bar{p}_i)^2/\sum_j p_{ij}}\times[\log(N(w_i)/N)]^2\times\sqrt[n]{p_{id}}}$$

其中，$p_{ij}=T_{ij}/L_j$，L_j 是类 c_j 含有的所有词的次数之和，T_{ij} 是词 i 在类 c_j 出现的次数；$p_{id}=T_{id}/L_d$，L_d 表示文本 d 含有的所有词的次数之和，T_{id}是词 i 在文本 d 中出现的次数；$\bar{p}_i=\sum_j p_{ij}/m$，其中 m 为类别数；N（w_i）表示训练语料中出现词 w_i 的文档数，N 是训练语料中所有文档数之和；$n=3$。

公式三：相似度计算，采用夹角余弦法，其计算公式如下：

① 文本分类在线演示地址：http：//www. languagetech. cn/class _demo. aspx。

$$Sim\ (d_i,\ d_j)\ = \frac{\sum_{k=1}^{M} W_{ik} \times W_{jk}}{\sqrt{(\sum_{k=1}^{M} W_{ik}^2)\ (\sum_{k=1}^{M} W_{jk}^2)}}$$

4.3.6.5 关键短语：特征选择改进的结果分析

如上文所述，本分类系统的主要特点是从向量空间模型和概率模型的文本表示入手，试图提高特征项之间的独立性，使用关键短语来提高特征项满足独立性假设的能力。

一般分词采用的底表是通用分词系统的底表（下称“8 万常用词语表”），较少关键短语，或者没有专指性强、区别度高的关键短语。我们构建的大词语表（下称“32 万词语表”）包含大量关键短语。

我们分别采用 8 万常用词语表和 32 万词语表对语料切分，根据第四节的方法训练得到各自的类特征向量。基于 8 万常用词语表而构建的类特征向量的特征项主要是词，以词作为文本表示的特征；基于 32 万词语表而构建的类特征向量的特征项则主要是关键短语，以关键短语作为文本表示的特征。最后采用第四节的方法进行文本分类。

在该对比实验中，训练集和测试集、训练方法和测试方法、测试平台都一样，只有作为文本表示的特征项（词和关键短语）是变量，我们对比实验的目的也就是力图通过文本分类来证明关键短语比词更适合作为文本表示的特征。

表 4－7 是对比测试的结果。“大类”表示自动分类时只分到大类；“层级分类”表示自动分类时分到详细的小类，如“经济__证券资讯__外汇市场”。

表 4-7 特征项（词、关键短语）对分类影响的总体比较

	大类				层级分类			
	微平均	宏平均			微平均	宏平均		
	$P=R=F$	P	R	$F1$	$P=R=F$	P	R	$F1$
词（8 万）	89.7	81.9	85.3	82.6	77.8	84.1	70.7	73.4
关键短语（32 万）	92.6	88.6	88.7	88.1	92.8	89.6	78.1	81
差	2.9	6.7	3.4	5.5	15	5.5	7.4	7.6

从表 4-7 中可以发现，大类分类效果微平均只提高了 2.9%，宏平均 $F1$ 值则提高了 5.5%。但特征本身（词语表）对于层级小类的影响较大，其中宏平均 $F1$ 值提高了 7.6%，微平均则提高了 15%。

对于大类和层级小类的提高幅度的差异，原因分析如下：

在进行大类训练时，训练集很大；而进行层级小类训练时，训练集则显著下降，类别之间也不均匀，有的类别训练文本数只有几十个。因此，大类训练时即使只是基于 8 万常用词语表切分结果，训练效果也影响不大；而层级小类训练时，由于受训练量和特征粒度的双重影响，因此差别较大。

当进行大类分类时，由于各大类之间的相似度较小，8 万常用词语表中的特征项（词）已经足以区别开大类了。例如，体育类特征项“球队、比赛、冠军……”和经济类的特征项“公司、市场、利润……”都是 8 万常用词语表中的词，是领域通用词，多是词，已经足以区分开体育类和经济类。因此，采用短语作为特征的分类结果提高幅度并不是很大。

但在进行层级分类时，由于同一大类的层级小类之间相似度极大，如“体育_武术类_跆拳道”、“体育_武术类_拳击”、“体育_武术类_摔跤”和“体育_武术类_柔道”，层级小类之间共享的特征词非常多，这些特征词往往只是8万常用词语表中的词；当进行大类分类时，由于大类之间的相似度较小，这些8万常用词语表中共享的特征词已经足以区别开大类了。但在进行层级小类分类时，真正能区分开这些层级小类的特征词往往是频率较低的专业领域词，即领域专类词，大多是关键短语，8万常用词语表中基本上没有。

4.3.6.6 立体模型：模型改进的结果分析

1. 总体分类效果

这个测试是立体分类模型与扁平分类模型的总体分类效果的对比测试。

扁平分类模型的专家分类结果和系统分类结果都不兼类，专家分类兼类时采用第一个类别，也不采用层级小类校正的方法。立体分类模型的专家分类结果和系统分类结果都兼类，采用层级小类校正的方法。分类模型对分类影响的比较见表4-8。

表4-8 分类模型对分类影响的比较

	大类				层级分类①			
	微平均	宏平均			微平均	宏平均		
	$P=R=F$	P	R	$F1$	$P=R=F$	P	R	$F1$
扁平分类模型	90.8	87.4	85.7	85.4	92.2	89.6	79.6	82.0
立体分类模型	92.6	88.6	88.7	88.1	92.8	89.6	78.1	81
差	1.8	1.2	3	2.7	0.6	0	-1.5	-1

立体分类模型的大类分类效果较好，其中，微平均比扁平分

① 大类即只取第一级类，如“体育”；层级小类是最终分类结果，如“体育_水上_运动_游泳”，下同。

类模型提高了近2个百分点，宏平均 $F1$ 值则提高了近3个百分点。但层级小类的宏平均较扁平分类模型下降了1个百分点。总体上说，立体分类模型比扁平分类模型有所提高。

2. 层级分类及小类校正

上文我们提到用层级小类重新校正分类结果，因此有可能原来第二大类的层级小类会排在第一而输出作为最终分类结果。那么，这个方法是否真的能起到作用呢？会不会适得其反，反而降低分类效果呢？我们设计了这组对比试验来进行检验。每个测试又设计了两种情况：“皆不兼类”表示专家分类结果和系统分类结果都不允许兼类；“兼类”表示专家分类结果和系统分类结果都允许兼类，兼类判断阈值 $\delta = 1.2$。

分类方法1（下称大类取大）：直接按大类顺序输出小类结果，即使层级小类顺序发生变化。例如，初次分类后，大类1 > 大类2（体育 > 科技）；大类各自的层级类别系统内部再分类后，层级小类2 > 层级小类1（科技_业界资讯 > 体育_乒乓球），输出“层级小类1 ‖ 层级小类2”（允许兼类时，体育_乒乓球 ‖ 科技_业界资讯），或“层级小类1”（不允许兼类时，体育_乒乓球）。

分类方法2（下称小类取大）：利用上文的层级小类校正算法进行校正。小类校正对分类影响的比较见表4-9。

表 4－9　小类校正对分类影响的比较

		大类				层级分类			
		微平均	宏平均			微平均	宏平均		
		$P=R=F$	P	R	$F1$	$P=R=F$	P	R	$F1$
皆不兼类	小类取大	91.2	87.8	86.1	85.9	92.4	90.8	81.3	83.9
	大类取大	90.8	87.4	85.7	85.4	92.2	89.6	79.6	82.0
	差	0.4	0.4	0.4	0.5	0.2	1.2	1.7	1.9
兼类	小类取大	92.6	88.6	88.7	88.1	92.8	89.6	78.1	81
	大类取大	92.2	88.1	88.3	87.6	92.7	89.5	78.8	81.5
	差	0.4	0.5	0.4	0.5	0.1	0.1	－0.7	－0.5

测试会受兼类打分的影响，例如：专家分类结果为“科技_业界资讯‖体育_乒乓球”，系统分类经过层级小类校正后，最终分类结果为“科技_业界资讯‖经济_金融市场”或“科技_业界资讯”（不兼类），当允许兼类时，得分为0.7；而当皆不兼类时，得分为1。为了更客观地观察层级小类校正大类的效果，最好是比较皆不兼类时的测试效果。从结果中可以看到当皆不兼类时，大类和层级小类的分类效果皆有所提高，其中，层级小类的宏平均提高幅度近2个百分点。

3. 兼类和阈值选择

为了测试分类系统兼类判断的性能，我们进行了几组测试。由于层级小类数目较多，类别之间相似度很高，专家都很难判断是否兼类以及哪些类兼类。因此，测试时只采用了大类结果进行测试。

允许兼类对分类结果影响如何，是否有效，这是我们首先关注的问题。当允许兼类时，阈值 δ 的设定也有很大的研究价值，

该设为多大也是个重要问题。下面我们将δ取不同的值，然后观察它对分类效果的影响。δ<1时，表示系统不允许兼类（见表4-10）。

表4-10 兼类阈值对分类影响的比较

δ值	系统所分的兼类的文档数	大类			
		微平均	宏平均		
		$P=R=F$	P	R	$F1$
δ<1	0	91.2	87.8	86.1	85.9
δ=1.1	672	92.32	88.35	88.50	87.86
δ=1.2	1 224	92.57	88.59	88.71	88.1
δ=1.3	1 434	92.57	88.53	88.67	88.07
δ=1.4	1 534	92.62	88.63	88.76	88.17
δ=1.5	1 584	92.62	88.62	88.75	88.17
δ=1.6	1 590	92.62	88.61	88.74	88.16
δ=2	1 640	92.61	88.60	88.73	88.15
δ=3	1 650	92.58	88.55	88.69	88.11

从理论上讲，由于测试语料有的已标记兼类，如果我们的兼类判断方法有效的话（超过一半的兼类正确），不兼类时的分类效果肯定要低于兼类的效果。相反，如果我们的兼类判断方法无效的话（超过一半的兼类不正确），则可能扰乱了分类，会比不兼类时的效果更低。因此，检验我们的兼类判断是否有效的简单方法就是比较系统在兼类与否时的分类效果。

从结果来看，相对于不兼类，兼类提高了分类效果，大类微平均最少提高了1.12个百分点（δ=1.1），最多提高了1.42个百分点，提高幅度不高。而且，随着δ的变化，分类效果先是慢慢上升，当δ为1.4时为最高，然后缓慢下降。

对于阈值δ的设定，当δ取值为1.4时，系统整体分类效果最好，因此，δ值取1.4。

但是，相对于测试语料中人工标注的5 724篇兼类文档数，我们的方法判断为兼类的文档数太少，最多才1 650篇（δ=3），占28.8%；最少时仅有672篇（δ=1.1），只占11.74%；最佳的δ值为1.4时，也才有1 534篇，占26.8%。虽然可以提高δ值以使得兼类文档数越来越多，但如表4－10所示，分类效果也将随之下降。对于兼类的文档数太少的个中原因，尚需仔细分析。

以δ值为1.4为例，对于767篇兼类文档，我们考察了其详细情况。

767篇文档的系统分类与专家分类结果完全一致的共196篇，完全准确率为25.55%，这种情况指的是两类目名称和顺序皆一致，即专家分类结果为“$K1-K2$”，系统分类也为“$K1-K2$”（$K1-K2$：$K1-K2$，冒号前面的是专家分类结果，后面的是系统分类结果，下同）。

767篇文档的系统分类结果与专家分类结果完全不一致的共184篇，完全错误率为23.99%。

完全正确率和完全错误率几乎一样，二者相差很小（1.56），应该说远低于我们的期望。

767篇文档的系统分类结果与专家分类结果部分一致的共387篇，部分准确率（或部分错误率）为50.46%，这种情况包含较多可能，如两类目名称相同但顺序不同（$K1-K2$：$K2-K1$），或一个类目名称相同（$K1$：$K1-Kx$，$K1$：$Kx-K1$，$K1-K2$：$K1-Kx$，$K1-K2$：$Kx-K2$，$K1-K2$：$Kx-K1$，$K1-K2$：$K2-Kx$）。其中，采用兼类后，$K1$：$K1-Kx$，$K1-K2$：$K1-$

Kx，$K1-K2$：$K2-Kx$ 反而起到了干扰作用，降低了分类效果；$K1-K2$：$K2-K1$，$K1$：$Kx-K1$，$K1-K2$：$Kx-K2$，$K1-K2$：$Kx-K1$ 则提高了分类效果。

4.4 文献情报自动标引系统介绍

4.4.1 系统概述

基于自主研发的中文信息处理技术，以文本内容语义计算、文本内容自动标引为核心，“文献自动标引解决方案”集成文本分类、主题词标引和自动文摘三个子模块，将文献内容以精炼准确的形式，如类目、主题词、摘要自动标引出来。

集成类目标引（支持多层级、兼类）、主题词标引（可选叙词、自由词、关键词）和自动摘要（可自定义摘要参数）模块。类目体系可由用户自定义，支持动态增加删除；支持主题词词表用户管理；新分类体系可完全自动训练，无须人工干预；支持体系类目之间的相似度计算。

4.4.2 面向的行业类型

根据处理对象的不同，系统分成三个行业类型：

1. 学术类文献情报

面向学术类文献情报，如学术专业论文，支持中图法分类体系，同时支持自定义分类体系。

如果已经拥有训练文献集合，支持从已有文献中自动训练，不需要专家知识，即可准确分类、标引主题词。

对于缺乏训练文献的类目（如四级类训练文献很少），无须训练，即可通过全自动标引的方法分类。

2. 非学术性网站新闻

面向新闻网站，针对新闻网页快速、准确分类，分类体系可自定义。

“网站新闻自动标引”系统将新闻内容以精炼、准确的形式标引出来，方便用户只需查看容量小、信息量大的类目、主题词和摘要，即可快速把握新闻内容，提高浏览和检索的效率。

3. 行业知识门户

面向特定主题的行业，定向挖掘行业知识，构建行业门户网站。针对某一个行业，满足行业专业需求的专业知识性网站，是综合新闻网站的细分和延伸，是对某类网页资源和结构化资源的深度整合，为用户提供专业信息服务，如“钢铁网”、“数码网”等。

“行业知识” + “深度搜索”，能够有效提高行业门户的竞争力，其具体步骤如下：

（1）定向挖掘行业知识；

（2）构建行业门户网站；

（3）生成行业分析报告。

4.4.3 功能模块

文献情报自动标引系统分为三个模块：

（1）文本分类：基于关键短语的立体文本分类模型。

立足于影响文本分类最底层、最根本的因素：文本表示中的特征项，利用表义完整的关键短语，提高特征项的完整独立程度，有效克服了传统分类算法中向量空间模型和贝叶斯假设（特征之间被假定为是相互独立的）的缺点，在含 3 万篇文章的测试集上（15 大类，4 级 244 小类），大类微平均提高了 3.1%，小类微平均提高了 15%。

立体模型是一个交叉多层级的系统。在纵的方面，是一个层级的系统，采用双向层级小类校正算法分类，一级级分到四层子类；在横的方面，采用兼类多标签分类策略，智能判断文档是否

兼类，兼哪几类。大类微平均和宏平均 $F1$ 值比扁平分类模型分别提高了 1.8 和 2.7 个百分点。

基本特点是：

① 分类速度极快，批处理 1 000 篇文献（每篇约 6 000 字）耗时约 10 秒。

② 正确率高，在 3 万篇开放测试集上，F 值约 93%。

③ 用户可根据需要在分类体系中动态增加删除类目，系统自动训练。

④ 支持自动训练，提供新分类体系和相对应的文档，能够自动训练、分类。

⑤ 交叉多层级立体分类，支持多级分类，可选兼类。

⑥ 可显示类别之间的相似度，以分析了解分类体系是否设计合理。

⑦ 分类方法支持领域知识、统计等多种方法。

（2）主题词标引：基于关键词语主题度的主题词自动标引系统。

针对主题词的领域不均匀性和邻界域两个特征，模拟计算了主题词表征文本主题特征程度的主题度。结合方差和 TFIDF 原理，设计了形式化的主题词计算模型。以主题词及其主题度为领域知识，结合统计方法，形成了一个知识与统计相结合的主题词自动标引系统。

基本特点是：

① 支持叙词标引（词表选词标引）、辅助标引（自由词标引）、关键词标引（提取文章关键词标引）。

② 支持基于专家知识的规则标引或纯粹词语计算的统计标引，用户可选其一，或者二者相结合。

③ 标引词的数量可由用户自定义，支持定量（3～5 个）或根据文章长度动态确定标引词数。

④ 能够以多级体系的形式生成并管理标引词库，可动态编辑、修改、维护标引词。

⑤ 支持自动训练，无须提供训练文档集即可实现新文档的自动标引。

⑥ 支持文档主题词多级标引。

主题词自动标引系统的综合平均得分为 8.08（总分 10 分）。例如，一篇题为“万科处心积虑‘打’广州　已经获取大片土地储备”的文章，经系统处理后，输出标引结果为“房地产、土地储备、万科”。

5 000 篇文献（每篇约 6 000 字）的测试时间约为 5 秒。

（3）自动文摘。

文摘系统基于词语的主题度计算，自动抽取文献关键性句子形成摘要（原文中约 25% 的文字，可自定义）。

基本特点是：

① 能够以多级体系的形式生成并管理标引词库，可动态编辑、修改、维护标引词。

② 能够利用专业文档语料库进行训练。

③ 同时支持自动训练，无须提供新摘要文档语料库，即能实现新文档的自动摘要。

④ 摘要比例可由用户自定义。

⑤ 摘要可读性强，能覆盖原文献主题。

10 000 篇文献（每篇约 6 000 字）的测试时间约为 10 秒，综合平均得分为 7.76（总分 10 分）。

小　结

基于关键词的“邻界域”和“领域不均匀性”两个特征，模拟计算了词语表征文档主题特征的主题度。在此基础上，获取

大规模的标引知识，并用于文献情报综合自动标引。

参考文献

[1] Antti Arppe. Term Extraction from Unrestricted Text. http：//www. lingsoft. fi/doc/nptool/term – extraction. html，1995.

[2] B. Krulwich. Learning Document Category Descriptions through the Extraction of Semantically Significant Phrase. *Workshop on Data Engineering for Inductive Learning*，IJCAI – 1995，Montreal，Canada，Aug. 20，1995.

[3] Boland，J. E. Resolving. Syntactic Category Ambiguities in Discourse Context：Probabilistic and Discourse Constraints. *Journal of Memory and Language*，1997（36）：pp. 588 –615.

[4] Chen Liang，Zeng Jia，Tokuda Naoyuki. A "Stereo" Document Representation for Textual Information Retrieval. *Journal of the American Society for Information Science and Technology*，2006，57（6）：pp. 768 –774.

[5] Engle R. W. Working Memory Capacity as Executive Attention. *Current Directions in Psychological Science*，2002，11（1）：pp. 19 –23.

[6] Fabrizio Sebastiani. Machine Learning in Automated Text Categorization. *ACM Computing Surveys*，2002，34（1）：pp. 11 – 12，32 –33.

[7] Hakuta K. Becoming Bilingual：A Case Study of a Japanese Child Learning，1976.

[8] Lewis D. D.，Ringuette M. A Comparison of Two Learning Algorithms for Text Categorization. *Proceedings of SIAIR94*，*3rd Annual Symposium on Document Analysis and Information Retrieval.*

LasVegas, NV, 1994. pp. 81 – 93.

[9] Liuhua. Algorithm and Implementation of Stereo Model in Text Categorization. *Journal of Computational Information Systems*, 2007 (10).

[10] Miyake A. Working Memory: The Past, the Present, and the Future. In: Osaka N. *The Brain and Working Memory*. Kyoto: Kyoto University Press, 2000. pp. 311 – 329.

[11] 刘华. 基于分类标注语料库的关键词标引知识自动获取. 图书情报工作, 2007 (7)

[12] Wilensky R., Arens Y., Chin D. Talking to UNIX in English: an Overview, 1984.

[13] Y. Yang. An Evaluation of Statistical Approaches to Text Categorization. *Journal of Information Retrieval*, 1999, 1 (1/2): pp. 67 – 88.

[14] Yiming Yang, Jan O. Pederson. A Comparative Study on Feature Selection in Text Categorization. *Proceedings of ICML – 97, 14th International Conference on Machine Learning*. Nashville, TN, 1997. pp. 412 – 420.

[15] Yiming Yang, Jan O. Pederson. A Re-examination of Text Categorization Methods. *Proceedings on the 22nd Annual International ACM SIGIR Conference on Research and Development in Information Retrieval*. Berkeley. 1999. pp. 42 – 49.

[16] Yuen – Hsien Tseng. *Fast Keyword Extraction of Chinese Documents in a Web Environment, to Appear in Information Retrieval Workshop for Asia Languages*, 1997.

[17] Zernick U., Dyer M. The Self-extending Phrasal Lexicon. *Computational Linguistics*, 1987, 13 (3 – 4): pp. 308 – 27.

[18] Liuhua. Research on Multi – Classification and Multi – La-

bel in Text Categorization. *International Conference on Intelligent Human – Machine Systems and Cybernetics*, 2009 (8).

[19] Liuhua. Algorithm and Implementation of Stereo Model in Text Categorization. *Journal of Computational Information Systems* (EI), 2007 (10).

[20] Liuhua. Studies of Comprehensive Auto – Indexing System Based on Key Words' Subject Degree. *International Forum on Information Technology and Applications*, 2009 (5).

[21] Liuhua. Key Words Auto – Indexing System Based on Domain Repository. *Advances in Management of Technology*, 2008 (11).

[22] 曹素丽等．基于汉字字频向量的中文文本自动分类系统．山西大学学报（自然科学版），1999，22（2）：144—149

[23] 陈克利．基于大规模真实文本的平衡语料分析与文本分类方法. *Advances in Computation of Oriental Languages*. 北京：清华大学出版社，2003. 540—545

[24] 戴璞．计算机档案检索系统关键词标引与检索．档案学研究，1998（4）：40—43

[25] 丁璇，侯汉清，章成志．中文网页标引源主题表达能力的调查统计．大学图书馆学报，2002（6）：70—72

[26] 江开忠．自动文本摘要方法．计算机工程，2008（1）

[27] 李凡等．一种基于 VSM 文本分类系统的设计与实现.华中科技大学学报（自然科学版），2005（3）

[28] 李珩．基于 SVM 的中文组块分析. 中文信息学报，2004（2）

[29] 李静梅，孙丽华，张巧荣．一种文本处理中的朴素贝叶斯分类器. 哈尔滨工程大学学报，2003，24（1）：71—75，144

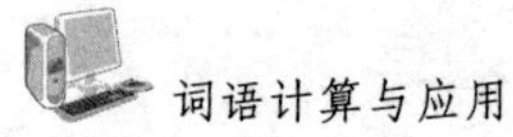

[30] 李培．汉语自动标引方法述评．津图学刊，2000(1)：9—18

[31] 李素建．关键词自动标引的最大熵模型应用研究．计算机学报，2004，27 (9)：1192—1197

[32] 李素建．基于最大熵模型的组块分析．计算机学报，2003 (12)

[33] 廉洁．词汇短语对第二语言习得的作用．外语界，2001 (4)

[34] 孟迎．基于决策树的汉语基本名词短语识别．黑龙江工程学院学报，2004 (2)

[35] 庞剑锋等．基于向量空间模型的文本自动分类系统的研究与实现．计算机应用研究，2001，18 (9)：23—26

[36] 施彤年，卢忠良．多类多标签汉语文本自动分类的研究．情报学报，2003，22 (3)：306—309

[37] 宋枫溪．自动文本分类若干基本问题研究．南京理工大学博士学位论文，2004

[38] 宋华，戴一奇．一种用于内容过滤和检测的快速多关键词识别算法．计算机研究与发展，2004，41 (6)：940—945

[39] 唐焕玲．文本分类系统 SECTSCS 中若干技术问题的探讨．计算机工程与应用，2003 (11)

[40] 王兰成．基于 EMM 中文抽词算法的 XMARC 主题信息挖掘．情报学报，2005，24 (1)：82—86

[41] 王明燕．基于 WEB 页面的关键词与关键概念提取技术．北京工业大学硕士学位论文，2003

[42] 王映，常毅，谭建龙．基于 *N* 元汉字串模型的文本表示和实时分类的研究与实现．计算机工程与应用，2005 (5)：88—91

[43] 吴春玉．中文全文检索系统中实现主题词标引思路．

情报杂志，2005（1）：115—117

［44］奚晨海．基于神经元网络的汉语短语边界识别．中文信息学报，2002（2）

［45］杨一琼．学术论文的关键词标引．大学图书情报学刊，2004，22（1）：63—64

［46］杨玉晨．英语词汇的“板块”性及其对英语教学的启示．外语界，1999（3）

［47］叶志清等．文献信息计算机全文全自动标引方法．情报学报，2003，22（2）：169—172

［48］张国煊．基于互信息的汉语短语边界划分．杭州电子工业学院学报，1995（11）

［49］张宇，刘挺，文勖．基于改进贝叶斯模型的问题分类．中文信息学报，2005，19（2）：100—105

［50］赵军．基于转换的汉语基本名词短语识别模型．中文信息学报，1999（2）

［51］钟敏娟等．基于分类和关键词组抽取的信息检索算法．系统仿真学报，2004（16）

［52］仲云云，侯汉清，薛鹏军．网页自动标引方案的优选及标引性能的测评．情报科学，2002，20（10）：1108—1110

［53］周强，俞士汶．汉语短语标注标记集的确定．中文信息学报，1996（4）

［54］周雪忠．中文文本分类特征表示及分类方法比较研究．*Advances in Computation of Oriental Languages*．北京：清华大学出版社，2003

［55］刘华．基于关键短语的文本分类研究．中文信息学报，2007，21（4）

［56］刘华．改进的简单贝叶斯文本分类．暨南大学学报（自然科学版），2007（2）

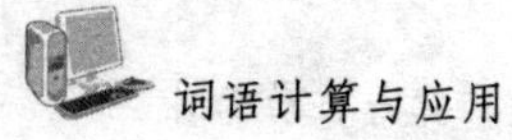

[57] 刘华．文本分类中相似度模型和概率模型的实现与比较．现代图书情报技术，2006（4）

[58] 刘华．关键词自动标引系统实现．现代图书情报技术，2006（2）

[59] 刘华．一种快速获取领域新词语的新方法．中文信息学报，2006，20（5）

附录1　网络新闻用层级分类体系

房产	房产__城市建设	房产__房产新闻
房产__房产新闻__住房改革	房产__房市经济	房产__购房置业
房产__广告租赁	房产__家居家装	房产__家居家装__环保
房产__家居家装__家具	房产__家居家装__建材	房产__投诉与维权
房产__展会	教育	教育__高考
教育__考试培训__职业技能__其他行业资格考试	教育__教改	教育__考试培训__外语
教育__考试培训__职业技能__EMBA 专业学位教育	教育__基础教育	教育__民办教育
教育__考试培训__职业技能__国家公务员考试	教育__求职招聘	教育__考试培训__职业技能__会计考试

（续上表）

教育__考试培训__职业技能__计算机教育认证	教育__远程教育	教育__考试培训__职业技能__成人高考
教育__考试培训__职业技能__自学考试	教育__考研	教育__留学移民
教育__考试培训__职业技能__工商管理硕士	教育__贫困生	教育__青春校园
教育__考试培训__职业技能__国家司法考试	教育__性及教育	教育__学习方法
教育__考试培训__职业技能__网络技术水平考试	经济	经济__财经新闻__国际财经
经济__财经新闻__国内财经	经济__财经新闻__香港财经	经济__产业经营__产业新闻
经济__产业经营__经营理念	经济__产业经营__企业新闻	经济__金融市场
经济__消费理财__投诉维权	经济__消费理财__消费生活	经济__证券资讯__B股市场
经济__证券资讯__大盘分析	经济__证券资讯__股票点评	经济__证券资讯__黄金市场
经济__证券资讯__基金市场	经济__证券资讯__期货市场	经济__证券资讯__上市公司

（续上表）

经济__证券资讯__投资理念	经济__证券资讯__外汇市场	经济__证券资讯__研究报告
经济__证券资讯__邮币收藏	经济__证券资讯__债券市场	经济__证券资讯__证券新闻
科技	科技__IT 互联网__国际	科技__IT 互联网__国内
科技__IT 互联网__互联生活	科技__IT 互联网__统计报告	科技__IT 互联网__网络__工具设备
科技__IT 互联网__网络__浏览上网	科技__IT 互联网__网络__网络安全	科技__IT 互联网__网络__网站建管
科技__创业投资	科技__电脑__电脑动态	科技__电脑__电脑评测
科技__电脑__软件__办公	科技__电脑__软件__编程	科技__电脑__软件__操作系统
科技__电脑__软件__多媒体工具	科技__电脑__软件__其他工具	科技__电脑__软件__软件动态
科技__电脑__选购指南	科技__电脑__硬件__DVD 刻录	科技__电脑__硬件__笔记本
科技__电脑__硬件__产品动态	科技__电脑__硬件__评测	科技__电脑__硬件__外设
科技__电脑__硬件__网络设备	科技__电脑__硬件__显示设备	科技__电脑__硬件__主机设备

（续上表）

科技_电脑_硬件_装机	科技_电信通讯	科技_家电行业
科技_科普生活	科技_科普生活_艾滋	科技_科普生活_非典
科技_科普生活_航空航天	科技_科普生活_禽流感	科技_数码_视频_摄像机
科技_数码_视频_数字电视	科技_数码_视频_相机	科技_数码_视频_掌上电脑
科技_数码_音频	科技_业界资讯	旅游
旅游_出境游	旅游_都市周末	旅游_购物收藏
旅游_黄金周	旅游_境内游	旅游_旅游常识
旅游_旅游节庆	旅游_旅游信息	旅游_旅游装备
旅游_摄影	旅游_休闲旅游	旅游_游记
旅游_主题旅游_蜜月旅游	旅游_主题旅游_商务旅游	旅游_主题旅游_生态旅游
旅游_主题旅游_文化旅游	旅游_主题旅游_新春游	旅游_主题旅游_运动旅游
旅游_自驾游	汽车	汽车_F1 车赛
汽车_车介试驾	汽车_车市经济	汽车_车展
汽车_汽车文化	汽车_汽车新闻	汽车_用车修车
生活男女	生活男女_家庭生活	生活男女_健康
生活男女_两性迷情	生活男女_美容美体	生活男女_明星写真

（续上表）

生活男女__男性部落	生活男女__女性专题	生活男女__赛事
生活男女__衣装饰品	生活男女__职场白领	时政新闻__国际
时政新闻__国际__国际新闻	时政新闻__国际__伊拉克专题	时政新闻__国内
时政新闻__军事	时政新闻__军事__国外军事	时政新闻__军事__海峡两岸
时政新闻__军事__中国军事	时政新闻__社会	体育
体育__棒垒	体育__冬季项目	体育__花花体坛
体育__击剑	体育__举重	体育__篮球__国际
体育__篮球__国内	体育__排球	体育__乒乓球
体育__其他	体育__棋牌类	体育__曲棍球
体育__赛车	体育__射击	体育__射箭
体育__水球	体育__水上运动__船艇	体育__水上运动__跳水
体育__水上运动__游泳	体育__台球	体育__体操
体育__体育博彩	体育__田径	体育__网球
体育__武术类__拳击	体育__武术类__柔道	体育__武术类__摔跤
体育__武术类__跆拳道	体育__休闲类__登山	体育__休闲类__高尔夫
体育__羽毛球	体育__运动会__奥运会	体育__运动会__其他运动会

（续上表）

体育_自行车	体育_足球_国际	体育_足球_国内
文艺	文艺_古典文学	文艺_历史
文艺_民俗风情	文艺_热点文化	文艺_文化新闻
文艺_文物古迹	文艺_戏剧	文艺_艺术
文艺_珍品收藏	游戏	游戏_电子竞技
游戏_工具下载_编辑修改下载	游戏_工具下载_补丁下载	游戏_工具下载_客户端下载
游戏_工具下载_游戏试玩	游戏_工具下载_周边工具下载	游戏_攻略心得
游戏_迷你游戏	游戏_手机游戏	游戏_网络游戏_厂商动态
游戏_网络游戏_公告通知	游戏_网络游戏_攻略心得	游戏_网络游戏_亚洲网游
游戏_网络游戏_业界新闻	游戏_网络游戏_游戏活动	游戏_网络游戏_游戏介绍
游戏_网络游戏_游戏评测	游戏_游戏文化_动漫	游戏_游戏文化_音乐
游戏_游戏新闻_厂商动态	游戏_游戏新闻_电脑游戏新闻	游戏_游戏新闻_硬件新闻
游戏_原创前瞻	娱乐	娱乐_电视
娱乐_电影	娱乐_星闻_华语	娱乐_星闻_欧美
娱乐_星闻_日韩	娱乐_音乐_唱片	娱乐_音乐_欧美
娱乐_音乐_亚洲		

附录2　15大类分类词语表
（只列出前100个词条）

房产类	国际类	国内类	教育类	经济类	军事类	科技类	旅游类
房产	伊拉克	防汛	考生	财经	军事	笔记本	旅游
开发商	巴格达	非典型肺炎	高考	大盘	台军	科技	游记
CBD	美军	防治	教育	个股	导弹	英特尔	旅行社
业主	萨达姆	新闻	录取	股指	海军	AMD	瞧
商品房	中国日报	春运	考试	该股	阿富汗	处理器	自助旅游
房地产	布什	省委	考研	后市	潜艇	IBM	游客
楼盘	美伊战争	淮河	复习	短线	空军	微软	景区
小户型	布莱尔	时政	试题	蓝筹股	军事新闻	Linux	景点
住宅	巴士拉	全省	招生	券商	美军	笔记本电脑	稻城
物业管理	美英联军	时政新闻	题	反弹	战斗机	硬盘	游览
购房者	伊军	非典	仅供参考	走势	演习	3G	导游

（续上表）

房产类	国际类	国内类	教育类	经济类	军事类	科技类	旅游类
物业	联合国	新闻图片	MBA	科技股	核潜艇	芯片	九寨沟
装修	美英	安全生产	理科	震荡	战机	内存	种豆
购房	联军	我省	报考	QFII	舰	惠普	自助游
户型	伊拉克战争	刘涌	本科	行情	无人机	用户	瀑布
经济适用房	以色列	病例	作文	大豆	拉登	CPU	人在旅途
楼市	朝鲜	疫情	数学	股市	拉丹	小灵通	出境游
写字楼	安理会	三个代表	院校	投资者	以军	Windows	主题旅游
二手房	伊拉克人	公投	课程	超跌	以色列	Intel	黄金周
地产	转自	领导干部	留学	上市公司	伊拉克	数据修复	自驾车
房地产市场	巴勒斯坦	张国荣	文科	两市	雷达	联想	风景区
房屋	伊朗	传染性非典型肺炎	文化教育	股价	李登辉	芯片组	黄山
购房人	阿巴斯	非典防治	考	板块	塔利班	迅驰	游人

（续上表）

房产类	国际类	国内类	教育类	经济类	军事类	科技类	旅游类
家装	新华网消息	再就业	志愿	证监会	舰艇	数码相机	吐鲁番
房展会	伊拉克人民	矿难	英语	经济信息联播	士官	主板	滑雪场
房展	英军	台独	学科	涨停	我军	3721	漂流
房价	伊	煤矿	考点	上攻	萨达姆	摩托罗拉	海拔
买房人	鲍威尔	市委	CET－4	基金	台独	bobby-shaw	旅游者
发展商	安南	民警	分数线	走强	驱逐舰	软件	睡袋
住房	图库	旅客	考查	下跌	核武器	Sun	古镇
健康住宅	利比里亚	疑似病例	试卷	H 股	“基地”组织	操作系统	阳朔
买房	土耳其	要闻	敬请	回调	北约	联通	环球采风
平方米	美军士兵	人民网	解题	深圳中期	台海	戴尔	网友专栏
家具	伊拉克军队	政协	语文	蓝筹	巴基斯坦	单击	爱谁是谁
物业公司	袭击	旅游	毕业生	社保基金	陆军	CDMA	雪山
居室	总统	收治	本题	期价	国防	诺基亚	张家界

(续上表)

房产类	国际类	国内类	教育类	经济类	军事类	科技类	旅游类
地产开发	大规模杀伤性武器	抢险	招办	持仓	俄军	64位	峡谷
新盘	战争	新华网	填报	早盘	解放军	电信	出游
业主委员会	伊拉克问题	督查	命题	股	巴勒斯坦	中国电信	太白山
房地产业	利比亚	果子狸	EMBA	成交量	卡尔扎伊	显卡	中甸
别墅	士兵	灾民	题型	盘面	作战	运营商	丽江
经济适用住房	民主党	颗粒物	考前	涨幅	阿拉法特	像素	自驾游
北京楼市	拉姆斯菲尔德	省人大常委会	司法考试	ST	国防部	LCD	生态旅游
建材	提克里特	病区	研究生	长江电力	航展	三星	青年旅馆
板楼	阿富汗	网页	大学	B股	恐怖分子	台式机	香格里拉
低密度	空袭	省政府	学生	证券市场	空空导弹	TD-SCDMA	锦绣中华
现房	导弹	发热门诊	专科	豆粕	朝鲜	PC	假日旅游
卖人	布利克斯	常委	第一志愿	国有股	反潜	宽带	红眼航班

（续上表）

房产类	国际类	国内类	教育类	经济类	军事类	科技类	旅游类
橱柜	快讯	洪峰	高三	港股	部队	愉	海外传真
建筑面积	摩苏尔	失业人员	分数	牛市	反舰导弹	厂商	旅游保险
精装修	共和国卫队	病人	为准	次新股	车臣	SCO	餐后
央产房	美国总统布什	小康社会	高校	新股	普京	仁科	旅游线路
均价	纳西里耶	隔离	辅导	股票	五角大楼	WAPI	西塘
木地板	沙特	各级党委	选择题	全流通	台湾军方	接口	游
期房	对伊战争	常委会	听力	收盘	军方	中国移动	拉萨
涂料	纳杰夫	受灾	招生计划	庄股	俄罗斯	微软公司	滑雪
公寓	白宫	游客	自主招生	基本面	鱼雷	显示器	旅游局
退房	五角大楼	水位	填报志愿	多头	军队	液晶显示器	温泉
开发企业	新华网	群众	大纲	A股	军事变革	IT	大峡谷

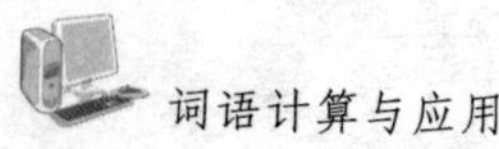

（续上表）

房产类	国际类	国内类	教育类	经济类	军事类	科技类	旅游类
业主大会	约旦	通讯员	面试	均线	电子战	东芝	旅游市场
交房	阿拉法特	疑似	联考	建仓	制导	甲骨文	一日游
每平方米	巴基斯坦	卫生厅	雅思	大盘蓝筹股	美国海军	光驱	井冈山
置业	凯利	省委副书记	名师	智富基金	教练机	垃圾邮件	瀑
产权证	科威特	医护人员	考场	冲高	汤曜明	网通	飞鱼
住房贷款	联合国安理会	无限风暴	科目	报收	布什	WCDMA	东方夜谭
望京	基尔库克	台湾	专业	大股东	军舰	高通	南山
物业管理公司	丧生	民进党	做题	类个股	武器装备	PDA	武夷山
装饰公司	驻伊美军	例	评析	国资委	导弹防御系统	刻录机	婺源
地板	“路线图”计划	灾区	预科	止损	台湾当局	ADSL	天池
万科	萨达姆政权	李长春	投档	德隆	中国军队	服务器	海螺沟

（续上表）

房产类	国际类	国内类	教育类	经济类	军事类	科技类	旅游类
契税	萨哈夫	吕日周	答题	年线	前线	内置	索道
房	南部	救灾	教育部	超跌股	坦克	希捷	西藏
家居	轰炸	各级	高职	年报	反恐	Wi-Fi	草原
商品住宅	对伊	防控	高校招生	平仓	巴格达	液晶	路线推荐
商品房买卖合同	哈马斯	求真务实	阅卷	南方证券	俄	Google	自驾
房地产企业	乌代	医务人员	复试	跌幅	弹道导弹	明基	欧洲游
入住	国情咨文	职务犯罪	状元	天胶	喀布尔	Windows XP	旅游节
公房	新闻部部长	定点医院	生源	指标股	台当局	铁通	旅游杂谈
房地产经纪	卢武铉	党风廉政建设	自考	减持	特种部队	信产部	华东区旅游城市
套内建筑面积	沙龙	干部	入学	交易日	查希尔	GSM	旅游专列
炫特区	国际原子能机构	新华日报	备考	做空	直升机	华为	华南区旅游城市

（续上表）

房产类	国际类	国内类	教育类	经济类	军事类	科技类	旅游类
建材市场	“基地”组织	陈良宇	学校	外汇通	艘	互联网	观光
样板间	拉登	李登辉	学位	沪市	台军方	爱立信	黄金周预报综述
售楼处	外长	MP3	高等学校	沪指	袭击	信息产业部	飞瀑
瓷砖	军事行动	就业	考题	沪深	宙斯盾	掌上电脑	旅游区
房地产商	库赛	台湾当局	中考	证券公司	防空导弹	显存	九大景区
土地	法新社	民工	各方面	期货	航母	IDC	军旗的足迹
潘石屹	王建芬	拆迁	老师	银行股	士兵	P4	远华红楼
北京房地产	战后重建	抗旱	入学考试	振荡	核弹	华硕	峨眉山
租金	美军中央司令部	客流	答案	利空	武器系统	瑞星	神山
国土房管局	叙利亚	双拥工作	我校	拉升	武器	国产手机	自然保护区

（续上表）

房产类	国际类	国内类	教育类	经济类	军事类	科技类	旅游类
物业费	恐怖分子	公共卫生事件	奖学金	开放式基金	军事演习	TCL	藏民
受人	核武器	省政协	句子	企稳	国防部部长	电信业	主峰
使用面积	小泉	副省长	应试	仓位	9·11	CNNIC	登山
商铺	普京	省委书记	GRE	盘中	F–16	应用	罗布泊
公摊面积	恐怖袭击	市委书记	学费	浙江利捷	战争	WLAN	千岛湖
装修公司	美英军队	民工工资	题目	上涨	情报	Word	下龙湾
公积金贷款	英国首相	台当局	外语	市盈率	苏–30	资费	周庄
TOWN-HOUSE	乌姆盖斯尔	派出所	办学	深市	倒萨	打印机	风景名胜区
顺驰	会谈	董建华	填空	多空	苏联	域名	假日办

娱乐类	游戏类	文艺类	体育类	社会类	汽车类	男女类
专辑	玩家	美术	球队	民警	车型	女性
演唱会	游戏	当代艺术	球员	派出所	汽车	男人
歌迷	网络游戏	古文化	姚明	强奸	轿车	小秋

（续上表）

娱乐类	游戏类	文艺类	体育类	社会类	汽车类	男女类
唱片	法师	广东美术馆	主场	卖淫	SUV	肌肤
歌手	A3	笑道	体育	歹徒	车市	女人
谢霆锋	PK	油画	曼联	抢劫	新车	性爱
周杰伦	纯情房东俏房客	三藏	英超	杀人	发动机	蔷薇
梅艳芳	魔法	绘画	国家队	男子	奇瑞	两性
新专辑	戏中	艺术批评	球	陈某	车身	减肥
音乐	外挂	双年展	中国队	刑警	试驾	性生活
周迅	内测	黛玉	皇马	作案	宝来	阴道
王菲	怪物	贾政	联赛	盗窃	万辆	皮肤
刘德华	PS2	作品	客场	犯罪嫌疑人	二手车	性高潮
乐坛	传奇 3	展览	主教练	报案	内饰	性交
娱乐	冰风传奇	中国画	球迷	化名	进口车	性欲
演唱	网游	艺术市场	湖人	老汉	宝马	阴茎
郑秀文	天堂 2	书法	进球	黄某	排量	护肤
歌坛	任天堂	版画	比赛	被害人	购车	脂肪
Twins	天骄	当代艺术展	队	侦查员	丰田	做爱
歌曲	新画面	水墨	国奥队	抓获	雅阁	写真

（续上表）

娱乐类	游戏类	文艺类	体育类	社会类	汽车类	男女类
陈奕迅	XBOX	作品展	足彩	公安分局	坐椅	闲
英皇	雷霆战队	批评家	国奥	专案组	一汽	保湿
张柏芝	GBA	前卫艺术	赛季	卖淫女	上海大众	乳房
唱片公司	魔兽争霸3	卜桦	篮板	稿源	帕萨特	阴蒂
歌	COSPLAY	高名潞	阿森纳	男青年	赛欧	女人的
个唱	账号	第一届深圳美术馆论坛	意甲	敲诈	机油	彩妆
导演	反恐精英	四回	足协	小偷	车展	性感
艺人	骑士	艺术理论	本赛季	报警	千里马	面膜
剧组	战队	威尼斯双年展	马刺	持刀	旧车	瘦身
李亚鹏	Online	观念艺术	切尔西	发廊	制动	眼影
乐队	魔	齐白石	小牛	安童	POLO	美容
摇滚	奇域	上海美术馆	NBA	巡警	威驰	粉底
莫文蔚	魔兽	罢	甲A	丈夫	爱丽舍	自慰
容祖儿	BOSS	探春	俱乐部	县公安局	赛纳	爱抚
拍戏	NGC	二回	转会	老太	威姿	杨沐春涓

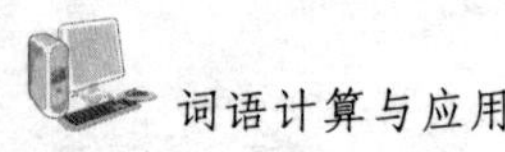

（续上表）

娱乐类	游戏类	文艺类	体育类	社会类	汽车类	男女类
孙燕姿	公测	文物	中国足协	嫖娼	派力奥	月经
Beyond	冰封王座	二爷	女足	诈骗	新雅阁	美白
视听	组队	蔡国强	AC 米兰	跳楼	汽车后盖	射精
阿杜	神泪	张大千	教练	劫匪	富康	男性
陈慧琳	苹果派	陈毅	主帅	幼女	扭矩	名模
MV	仙剑奇侠传 3	纨	申花	轻生	新车型	妆容
齐秦	私服	晴雯	沈祥福	刑事拘留	汽车市场	防晒
新歌	RPG	中央美术学院	辽足	市公安局	索纳塔	睫毛
刘若英	GM	雕塑	科比	菜刀	轮胎	美体
梁朝伟	神之领域	香菱	比分	拐卖	上海通用	香水
言承旭	NPC	创作	尤文图斯	轮奸	油耗	中华杯
陶喆	对战	徐悲鸿	中场	打工妹	MPV	眼部
戏	魔兽世界	书画艺术	前锋	奸淫	飞度	世界旅游小姐
朴树	属性	上海双年展	外援	征婚	奔驰	一页

（续上表）

娱乐类	游戏类	文艺类	体育类	社会类	汽车类	男女类
娱乐圈	CAPCOM	窑	国际米兰	团伙	车主	血液循环
孙楠	CS	展出	后卫	坠楼	车	卸妆
霆	搜神记	罗子丹	弗格森	太婆	凯越	分泌
电视剧	实况足球7	班禅	赛后	刑拘	奥迪	睫毛膏
陆毅	魔法奇兵	傅抱石	国足	环球小姐	吉利	臀部
布兰妮	凯旋	三年展	埃弗顿	刑侦	福美来	手淫
杨坤	连载	实验艺术	德甲	行窃	自动挡	秋冬
郑伊健	技能	淳化阁帖	集训	少女	车价	肤
饰演	泡泡堂	现代主义	实德	故意杀人罪	君威	眼线
单曲	魔兽争霸	唐僧	阿里汉	失主	广州本田	婚姻
那英	剑侠	个展	李铁	色狼	ABS	美女
苏永康	试玩	墓	火箭	入室	捷达	秀发
许巍	补丁	画	拉齐奥	砍伤	买车	唇部
郭富城	剑网	后现代	国脚	女大学生	雪铁龙	按摩
陈小春	魔力宝贝	僧	利物浦	小丽	蒙迪欧	肌肉
梅艳芳	敏捷篇	太宗	足球	色魔	国产车	毛孔
刘烨	魔兽3	陶艺	西甲	案发	三厢	体位
章子怡	圣斗士	这会子	本场	擒获	马自达	情感

（续上表）

娱乐类	游戏类	文艺类	体育类	社会类	汽车类	男女类
崔健	星际争霸	黄永砯	大连实德	的哥	北京吉普	乳头
女歌手	道具	唬	冠军杯	女婴	气门	勃起
华仔	online	清明上河图	犯规	合肥市	变速箱	唇膏
周璇	网星	陈丹青	防守	赶到	方向盘	便秘
赵传	弓	美术理论家	替补	强奸罪	本田	调情
梁咏琪	龙族	林黛玉	拜仁	分局	驾驶者	唇彩
谭咏麟	暴雪	贾蓉	上场	发廊女	M6	维他命
瞿颖	西游伏魔录	皇后	跳投	法医	变速器	性兴奋
主演	练	博物馆	火箭队	嫖客	别克	眼妆
刘晓庆	红月	收藏	主队	恶男	转速	内衣
许志安	攻略	丫头	贝克汉姆	荆楚	底盘	护肤品
周华健	游戏产业	成都双年展	助攻	有期徒刑	降价	粉刺
音乐人	精灵	青花	上半场	妻子	爱车	染发
李克勤	佣兵传说	艺术形式	下半场	楚天都市报	经济型轿车	洁面
该剧	傲世	丫鬟	中超	离婚	奥迪 A4	皱纹
洛佩兹	传奇世界	猿	世锦赛	入室抢劫	广本	阴唇
张信哲	盟军敢死队 3	母道	罗纳尔多	扒手	西耶那	性幻想
杨千嬅	绝对女神	贾赦	邵佳一	侦查	安全气囊	滋润
苏有朋	网络游戏市场	刘文西	tom	黄碟	整车	皮脂

（续上表）

娱乐类	游戏类	文艺类	体育类	社会类	汽车类	男女类
新片	MU	皇帝	曼城	被告人	GOL	经期
蔡依林	修改器	妃	网球	花边新闻	菱帅	健身
陈冠希	敌人	玉器	世乒赛	窜至	缸	痘痘
古天乐	此处	山水画	网球 123 推广计划	抢劫罪	2.0	热量
余文乐	弓箭手	伏侍	上海申花	殴打	东风雪铁龙	保养品
上映	射击篇	汪曾祺	队员	骗子	跑车	Penny
艾敬	法术	雨村	孙继海	杀人案	一汽大众	唇
唱	最终幻想 X	肖鲁	点球	家住	中控	腮红
成龙	点数	四川美院	魂	施暴	轴距	Elizabeth
张铁林	KONAMI	惜春	网队	天石	手动挡	眼霜
当前热卖	坦克宝贝	忻海洲	吴金贵	抢劫案	汽车工业	精油
张国荣	无尽的任务	毛文体	实德队	黄色短信	换挡	润肤
翻唱	菁菁校园	张小涛	射门	同村	越野车	化妆
张惠妹	游戏画面	黄宾虹	不中	模特	怠速	去角质
绯闻	魔幻森林	哩	季后赛	投毒	帕拉丁	美发
赵薇	NAMCO	鳌拜	哈恩	侦破	下线	乳液
颁奖礼	三国策	曰	赛前	新闻	夏利	补水
王力宏	奖品	艺术展览	热身赛	服毒	福特	白领
伍佰	佣兵	怪道	围棋	女青年	试车	雌激素
相册	FPS	后现代艺术	马良行	小区	上海车展	健美

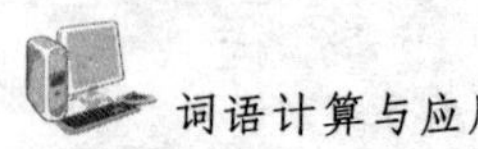

（续上表）

娱乐类	游戏类	文艺类	体育类	社会类	汽车类	男女类
林忆莲	玩家对	遗址	郝海东	夫妻	日产	性冷淡
吉他	服务器	太监	中国足球	婚介所	伊兰特	环球小姐
还珠格格 3	级	谷文达	小将	此案	上汽	更年期
吴建豪	魔剑	斋	尤文	淫窝	奇瑞 QQ	摄取

附录3　244个层级小类分类词语

以“房产”大类为例，列出房产类中12个层级小类的分类词语，每类只列出前100个词条。

房产＿城市建设：

城铁、轻轨、卫星城、西直门、北京城铁、回龙观、地铁五号线、CBD、多中心、房产、修编、亦庄、西线、西环广场、八通线、危病桥、金融走廊、奥林匹克公园、轨道交通、5号线、宋家庄、立面、BDA、13号线、末车、轻轨铁路、车辆段、西罗园、水桥、望京、观礼台、违章房屋、奥运场馆、奥运交通、交通枢纽、尹中立、东直门、商务中心区、五号线、规划方案、生态带、五棵松、翻建工程、天通苑、地铁八通线、财富中心、奥运公园、首车、代建、城市规划、马家堡、地铁、朝外大街、地铁运营公司、楼市、核心区、绿色地产、规划设计、旧城、通车、自动售检票、规划委、中轴路、通州、规划、金融街、南城、奥运村、北京地铁、朝阳北路、绿化隔离带、住宅、危旧房、沿线、龙泽、奥运工程、屋顶绿化、房屋修缮、历史文化保护区、中轴线、过渡车、40.85、东线、刷卡售票、良乡、商务区、写字楼、危改、新规划、南中轴、公家车、绿化、城市建设、Sasaki、建筑设计、智能建筑、总部基地、屏蔽门、北京经济技术开发区、楼盘

房产＿家居家装：

家装、装修、家具、涂料、木地板、橱柜、居室、建材、地板、装饰公司、强化木地板、瓷砖、建材市场、家居、石材、墙

面、实木、装修公司、大芯板、家庭装修、板材、卫浴、甲醛、装修材料、红木家具、吊顶、室内装饰、布艺、建材城、复合地板、VOC、装饰装修、强化地板、装饰材料、家庭居室、客厅、室内环境、洁具、厨房、乳胶漆、红木、五劣板、氡、儿童房、古典家具、橱柜、涂刷、房产、装饰、建材超市、灯具、基材、柜门、家居市场、耐磨、滑动门、地砖、摊位制、开放式厨房、主材、装修工程、家居装饰、玄关、家装市场、隐蔽工程、家居饰品、硬木家具、人造板、墙纸、浴缸、室内、整体厨房、推拉门、工程质量、有害物质、样板间、内墙、吊柜、腻子、窗帘、混油、衣帽间、地漏、居然之家、塑钢门窗、水槽、木制品、花梨、饰面、油漆、含水、建筑装饰、书房、软木、卫生间、釉面砖、沙发、台面、陶瓷砖、室内污染

房产__家居家装__家具:

家具、古典家具、红木家具、摊位制、建材市场、家具展、藤家具、面盆、红木、百安居、建材超市、家居市场、中式家具、环境试验舱、建材、厨房家具、房产、花梨、建材城、紫檀、采暖散热器、零利润销售、大诚橱柜、静音地板、五劣板、实木、黄檀、家居、橱柜、硬木家具、居然之家、家装、智能家居、旧木家具、居易网、伪劣地板、星美、卫浴、家居建材、板材、浴缸、卫浴洁具、滑动门、艺术家具、强化木地板、地毯、整体厨房、wnhouse、活动家具、板式、正时、采暖、散热器、木雕工艺、洁具、硬木、暖气漏水、家具设计、望京、软木、居室、精装修、木雕、集成家居、集成家装、降香、家具、家居建材城、装饰城、柜门、厨具、熨衣、禅风、地板、便民店、沙发、古旧家具、诚信公约、簇绒、金隅集团、装修、建筑装饰、家装市场、香河、坐具、装饰企业、圣象、条板、家饰、古玩城、汇展、躺椅、五查、溅溢、刻纹、建材指数、装饰材料、推拉门、抗菌剂、欧倍德

房产__家居家装__建材：

瓷砖、涂料、强化木地板、釉面砖、大芯板、地板、VOC、木地板、板材、石材、抛光砖、地热采暖、复合地板、乳胶漆、实木、强化地板、建材市场、内墙、甲醛、滑动门、建材、混油、地砖、锁扣、木工板、耐磨、地面材料、芯板、刨花板、五劣板、家装、含水、人造板、坐便器、涂刷、花砖、基材、软木、清油、墙砖、壁纸、壁布、装修、地板缝、腻子、清漆、吸水、墙面、地板革、推拉门、家庭装修、中密度、TVOC、水曲柳、地面砖、三氧化二铝、古砖、家居、E0、饰面、橱柜、板铺、建筑涂料、装饰材料、洁具、瓷砖、石膏板、防霉、刷漆、中密度纤维板、建材城、色差、摊位制、欧典、面砖、地热、室内装饰、冲孔、抗碱、油漆、圣象、木制品、多乐士、装修材料、面漆、防潮、墙地砖、氰胺、地板装修、吊顶、胶地板、墙板、龙骨、聚氨酯、铺地板、居室、防水、底漆、红木家具、调和漆

房产__家居家装__环保：

室内环境、涂料、甲醛、装修材料、陶瓷砖、氡气、隐形凶手、家装、装修污染、室内装饰、VOC、人造板、有害物质、装修、板材、放射性限量、建材、室内、核素、建筑涂料、室内污染、健康家居、生态建材、内墙、装饰材料、外加剂、居室、胶粘剂、房产、中密度纤维板、地板、第三污染、建材市场、家具、乳胶漆、光污染、建筑材料、儿童房、石材、大芯板、环境试验舱、装修公司、硅藻土、壁材、凌云居、放射性、装饰装修、刨花板、强化木地板、稀释剂、蒙事、强制性标准、木工板、环境污染、开放式厨房、甲苯、挥发物、河北文安县、有害气体、空气质量、装饰公司、氨气、挥发性、质量保险、装修合同、粘胶、当量浓度、木业、生物污染、家庭装修、胶黏、室内装修、家庭居室、住宅质量、空气污染、精装修、马路游击队、

超标、油漆、国标、防霉、木地板、限量、有机化合物、家居空气、二甲苯、浓度、建筑工程、装饰企业、国家标准、环保、m3、环境质量、放射性物质、挥发、台面、工程质量、绿色、E0、味别

房产_展会：

房展会、房展、四季房展、展会、个人购房展、国贸、新盘、楼盘、购房者、郊区住宅、健康住宅、会刊、军博、展位、购房、个人购房、交易会、房屋模特、看房、房地产、买房、小户型、楼市、现场报道、选房、FM101.8、北京房地产、CBD、买房人、放心中介、开发商、置业、写字楼、观展、低价房、二手房、地产、购房人、住交会、地产项目、参展、普通住宅、浮士德、经济适用房、中城房网、房源、可心、南城、房地产市场、住宅、户型、房模、功能标准、北京楼市、中国国际贸易中心、房产、商铺、地产界、别墅、市房、均价、中、低档、楼盘项目、UHN国际村、精装修、平方米、摄影大赛、平米、总价、低价位、展、西府景园、五证、卫星城、NOLITA、商品房、每平方米、房、北京晚报、炫特区、公寓、房地产业、天天家园、低密度、业主、住宅产业、中房协、发展商、住宅工程、珠江地产、郊区化、危改、三环新城、后现代城、物业管理、有奖、轻轨、SOLO、物业、啤酒花园

房产_广告租赁：

房地产经纪、房屋银行、房屋租赁、西现代城、房屋中介、住房租赁指导价格、住宅租赁、MOMA、Moma、二手房、放心中介、租金、租房、空置率、中介公司、房屋、棕榈泉、房源、看房、租赁许可证、房屋出租、租人、居室、亚、8 000、房产中介、写字楼、二手房市场、我爱我家、戴德梁行、租赁、当代集团、信一天、出租人、wnhouse、租金水平、租赁合同、www.fxzj.com.cn、精装修、户型、华润置地、甲方、房改房、

住房、白龙潭、高档住宅、MALL、国土房管局、转按揭、朝阳园、第三使馆区、万柳地区、恒湿、公寓、中介、B&Q、底商、乙方、商品房、第五大道、人居环境、黑中介、64409990、柏林爱乐、房介、公房、央产、23.40%、19.71、中房集团、业主、CBD、163%、平米、京汉旭城、两居室、购房者、5A、二房东、公房上市、方庄、鹏润、房东、房主、置业、1 350、现房、央产房、回龙观、土地增值税、BDA、承租、小户型、住宅、1 400、租价、910.6、750、350、二手

房产__房产新闻:

房产、房地产、小户型、CBD、经济适用房、开发商、央产房、地产、楼盘、住宅、房地产市场、楼市、业主、写字楼、商品房、二手房、房价、顺驰、物业、别墅、住房、购房者、健康住宅、房地产业、购房、地产开发、物业管理、央产、廉租房、商业地产、平方米、商铺、低密度、经济适用住房、万科、北京楼市、任志强、买房人、房展、房屋、廉租住房、户型、土地、新盘、置业、房展会、张宝全、地产商、房地产企业、底商、潘石屹、八通线、望京、发展商、二手房市场、炫特区、华贸中心、每平方米、拆迁、房地产经纪、开发企业、土地供应、国土房管局、公房、套内面积、购房人、旅游地产、买房、人居环境、协议出让、121号文件、租金、住房贷款、商品住宅、套内建筑面积、万通、空置率、房、地产项目、均价、建筑面积、公寓、房源、住宅项目、首创置业、地产界、配租、冯仑、华远、售楼处、房贷、危改、建设部、世纪城、TOWNHOUSE、华润置地、三环新城、房博会、金融街、商圈

房产__房产新闻__住房改革:

廉租房、王丽华、廉租、廉租住房、危改、配租、土地使用权、住房、经济适用住房、公房上市、房源、公房、房改、健康住宅、公房使用权、龙泽、住宅、标准租私房、经济适用房、私

房、产权单位、空置房、摇号、危改小区、拆迁、承租人、低收入家庭、公有、金鱼池、土地财产、租金补贴、回迁、炒地皮、出让金、智能化、广渠门、权证、国土房管局、空置、建设部、房屋、公房出售、国有土地使用权、配租资格、房改房、商品房、低收入、住宅建设、低收入者、刘志峰、住房困难户、平方米、成本价、危旧房、放心中介、康居、住房补贴、换房、豪宅、加按、标准租金、住房按揭、隔声、集中供暖、租户、市房、居住面积、户型设计、旧房、补偿款、住房公积金、公有化、土地、住房改革、每平方米、贵局、矿院、户型、划拨、合作社、商品住宅、居住者、低价房、二手房市场、私有、承租、居住环境、北里、建筑面积、购房、大杂院、国有土地、租金、小区、权属、个人住房、建房、使用面积、产权人、归集

房产_房市经济：

CBD、小户型、户型、楼盘、写字楼、住宅、房地产、开发商、楼市、经济适用房、商品房、北京楼市、板楼、房地产市场、发展商、业主、建筑形式、购房者、均价、物业、平方米、房地产业、低密度、空置、现房、公寓、住房贷款、地产开发、房价、轻轨、买房人、地产、购房、华润置地、健康住宅、物业管理、TOWNHOUSE、每平方米、房地产企业、开发企业、锋尚、别墅、大户型、期房、万科、wnhouse、买房、经济适用住房、商品住宅、总规模、住房、购房人、入住、华远、回龙观、空置率、使用面积、塔楼、售楼处、新盘、建筑面积、炫特区、房贷新政、精装修、二手房、富力城、万通、房、远洋天地、起价、管理费、空置房、望京、明星楼盘、住宅产业、房地产泡沫、万泉新新家园、高档公寓、物业公司、置业、房地产商、地产项目、金地、物业管理公司、潘石屹、售楼、国房景气指数、地产行业、总价、准业主、房贷、面积、酒店式、户型设计、冯仑、售房、商住、绿化率、204条、住宅项目

房产__投诉与维权：

物业管理、业主、物业、业主大会、物业公司、业主委员会、铁本、开发商、商品房、物业管理公司、物业服务、收房、物业费、物管、物业纠纷、房产、上地佳园、小区、业主公约、业委会、区办、物业收费、交房、消法、房屋、商品房买卖合同、退房、业主大会规程、房款、选聘、捆绑式服务、鸿达、杨秀峰、中海、管理区、购房人、建设单位、购房款、紫金庄园、居住小区、管理条例、维修基金、包干制、产权证、买房、房产证、住宅物业、双倍、管理费、购房者、空置房、购房、服务收费、天天家园、入住、标准租私房、房产商、国土房管局、小区规划、延期交房、维权、约定、收楼、氡气、投票权、定金、发展商、购房合同、欺诈、非住宅物业、售楼、产权人、买卖合同、违约、房地产、秦兵、公摊面积、车位、管委会、拆迁、契税、买房人、建设部、双倍返还、分时度假、实测面积、筹备组、卖人、房地产开发商、海印花园、物权、公摊、坚石、售楼处、公共性服务、房管局、天通苑、房产中介、共用、刘志峰

房产__购房置业：

购房人、购房、购房者、二手房、房产、开发商、商品房、楼盘、卖人、房屋、户型、买房、现房、退房、期房、产权证、尾房、物业管理、受人、买房人、业主、公积金贷款、契税、板楼、收楼、陪购、交房、还款、购房合同、等额、物业、房款、秦兵、楼市、太阳宫、房价、商品房买卖合同、业主委员会、精装修、物业管理公司、小户型、住宅、借款人、转按揭、房地产商、公寓、建筑面积、CBD、装修、套内建筑面积、均价、置业、售楼书、提前还贷、收房、入住、物业公司、维修基金、新盘、住房、定金、平方米、抵押、公房、预售、权证、公积金、房地产、买卖合同、物业费、按揭贷款、住房贷款、售楼、自住、业主公约、住房公积金、204条、异地购房、按揭、个人住

房、禁炒令、高档公寓、经济适用住房、公摊面积、精装房、置业顾问、租金、售楼处、五证、约定、望京、房源、经济适用房、房屋买卖、总价、业主大会、发展商、本息、看房、每平方米

附录4　聚类种子词语

按照15个大类、244个层级小类，列出各层级类中聚类用的种子词。限于篇幅，这里仅以“体育”大类为例，只列出体育类中41个层级小类的聚类种子词，每一小类只列出前50个种子词。

体育__举重：

举重、尤纳斯、全运会、小巨人、张国政、唐功红、陈艳青、中国代表团、名单、女子举重、大力士、石智勇、男子举重、厄瓜多尔、占旭刚、第100金、超级女声、贝尔、总成绩、吴美锦、看点、杨炼、破世界纪录、脂肪、刘春红、72公斤、李卓、穆特鲁、69公斤级、女举、宣布退役、媒体见面会、腰伤、体重、马文广、重返赛场、尿检、中国举重、六金、袁爱军、挺举、丁美媛、按摩、金香美、今晨、领奖、发威、柔情似水、七金、头发

体育__乒乓球：

乒乓球、世乒赛、选手、冠军、乒乓、张怡宁、王楠、马琳、女单、男单、王励勤、蔡振华、王皓、孔令辉、退役、刘国梁、波尔、朝鲜队、邱贻可、小将、老将、巴黎、施拉格、亚运、牛剑锋、朱世赫、四强、瓦尔德内尔、郭跃、厦门、柳承敏、亚乒赛、乒超联赛、乒超、双打、女队、发球、邓亚萍、中国乒乓球队、国际乒联、陈杞、陈玘、陆元盛、福原爱、刘国正、郭焱、新规则、女乒、乒坛、男子单打

体育__休闲类：

高尔夫、高尔夫球、减肥、高球、抱石、队长、库里、张连伟、运动、珠峰、邀请赛、精英赛、球鞋、联队、打球、魏圣美、海南、答案、开球、老虎、高尔夫俱乐部、索伦斯坦、球杆、挥杆、朝王杯、中韩、剪彩、国际高尔夫博览会、A组、韦斯特、辛格、球技、嘉宾、名人、果岭、斯蒂、布什、老师、业余、美国公开赛、球童、草皮、维尔、珠穆朗玛、NBA季前赛、里奇、LPGA、哈灵顿、奥古斯塔、世界

体育__休闲类__登山：

减肥、抱石、队长、库里、珠峰、答案、剪彩、中韩、A组、老师、业余、珠穆朗玛、西藏、登顶、博格、敦煌、随队、极度、登山队、探险、决战、格拉、珠穆朗玛峰、玻利维亚、B组、中国登山队、全民健身、营地、滚石、火炬传递、奥林匹亚、攀岩、测量、户外、攀登、加拉、高程、捷克人、拉萨、世界第一、户外运动、户外用品、小腿、罗尔

体育__休闲类__高尔夫：

高尔夫、高尔夫球、高球、张连伟、运动、邀请赛、精英赛、球鞋、联队、打球、魏圣美、海南、开球、老虎、高尔夫俱乐部、索伦斯坦、球杆、挥杆、朝王杯、国际高尔夫博览会、韦斯特、辛格、嘉宾、球技、名人、果岭、布什、斯蒂、美国公开赛、球童、草皮、维尔、NBA季前赛、里奇、LPGA、哈灵顿、奥古斯塔、世界、别墅、米克尔森、体验、地理位置、练习、美巡赛、埃尔斯、职业球员、职业、简介、总统、欧巡赛

体育__体操：

体操、李小鹏、预赛、艺术体操、罗马尼亚、滕海滨、失误、杨威、赛前、霍尔金娜、保罗、范晔、刘璇、世界体操锦标赛、程菲、中国女队、劳伦斯奖、中国体操队、体操世锦赛、女团、肖钦、跳马、张楠、男队、新人、男团、李宁、乌兹别克、

妈妈、黄玉斌、鞍马、主力阵容、评分、个人全能、钟玲、平衡木、董震、体操队、中国男队、高健、体育馆、出场、沙特队、世界锦标赛、女子体操、男子体操、双杠、皇后、托托杯、黄旭

体育__体育博彩：

足彩、球队、胜负彩、主场、主队、客场、赛季、进球彩、双色球、赔率、客队、前锋、比分、篮彩、体育彩票、开奖号码、澳门、半球、彩民、开奖公告、开奖、黄健翔、排列三、推介、尾数、福彩3d、七星、一等奖、小号、平局、盘口、进攻、投注、初盘、平手、体彩、罗姆、本赛季、小组赛、保级、大数、本场、北欧彩、和值、中奖、停赛、赢指数、战绩、北欧、小数

体育__其他项目：

体育、孙英杰、伍兹、晏紫、琼斯、橄榄球、球场、泰森、登山、巡回赛、竞走、球报、球手、耐克、顾原、田协、会所、超级碗、击球、张百发、NFL

体育__冬季项目：

八一、冬奥会、八一队、花样滑冰、劳伦斯、赵宏博、混双、俄罗斯、短道速滑、滑冰、非典、花滑、申雪、冬奥、杨扬、花魂、滑雪、观众、十佳、冠名、保加利亚、黄牌、马里、休斯、冰球、赫尔辛基、李佳军、冠军赛、关颖珊、王濛、解放军队、速滑、裸奔、归队、姚滨、庞清、斯洛伐克、张丹、哈尔滨、张昊、中国站、短道速滑世界杯、佟健、花滑世锦赛、华盛顿、短节目、解放军、脚伤、膝盖、王曼丽

体育__击剑：

击剑、银牌、马赫、特里、克鲁斯、赛后、亚军、谭雪、执法、教练员、抵达、费舍尔、王海滨、嘘声、征战、惜败、委内瑞拉、队报、休息室、次轮、阿塞拜疆、乒乓球男双、男子重剑、肖天、叶冲、男子花剑、拿到、返京、开局、意大利德比、

折桂、悉尼奥运会、出战、方队、塞尔、屈居、吴汉雄、击剑队、获亚军、中国奥运代表团、个人赛、首日、花剑、意大利人、女子击剑、败于、女子重剑、新华网、中国击剑队、中国剑客

体育_台球:

丁俊晖、中国香港、斯诺克、父亲、写真集、亨得利、东体、练球、斯诺克中国赛、沃尔登、傅家俊、排名赛、潘晓婷、奥沙利文

体育_射击:

资格赛、王义夫、杜丽、陈永强、朱启南、枪手、许海峰、贾占波、巴罗什、首金、漫画、陶璐娜、赵颖慧、第 28 届、中国体育代表团、高娥、杨凌、谭宗亮、回国、李杰、射击队、射击世界杯、张山、定乾坤、陈颖、女子飞碟、中国射击、多向、健儿、劳伦斯颁奖、北京市、安检、季军、蒙古、男子 10 米气步枪、官网、中国射击队、飞碟、魏宁、冠亚军、埃蒙斯、费逢吉、王正、载誉、加利、韩国站、白岩松、追平、女子 10 米气步枪

体育_射箭:

乌克兰、不敌、射箭、团体赛、马术、特维斯、纪录、建功、参赛、女子射箭、体育明星、报名、巴斯、威廉、无力回天、何影、神勇、维利、淘汰赛、父母、利亚、女子团体决赛、女团决赛、遗憾、淘汰、英语、女子射箭团体、韩国人、席位、桂冠、场下、男子团体决赛、帕纳辛奈科斯、洲际、高中、赛会、约翰松

体育_排球:

世界杯、排球、女排、中国女排、陈忠和、男排、中国男排、塞黑、赵蕊蕊、郎平、沙滩排球、邸安和、俄罗斯队、巴林队、入选、生日、世界女排大奖赛、完胜、亚洲、央视、杨昊、

土耳其队、女排大奖赛、沙排、冯坤、迎战、意大利队、各队、国手、大冠军杯、香港站、精彩瞬间、天津女排、河南队、女排联赛、王一梅、世界杯赛、周建安、波兰队、春节、赛制、女子沙滩排球、力克、世锦赛资格赛、周苏红、美国女排、瑞士精英赛、全胜、多米尼加、国际排联

体育__曲棍球：

曲棍球、中国女曲、女曲、金昶伯、中国围棋、婚礼、女子曲棍球、新西兰、金昶佰、男子曲棍球、男曲、曲棍、新西兰队、博古、孩子们、小组第一晋级

体育__棋牌类：

田径、围棋、射击、柔道、韩国、李昌镐、象棋、国际象棋、棋手、常昊、周鹤洋、古力、新闻、赛艇、九段、万元、田径世锦赛、新快报、三星杯、围甲、李世石、聂卫平、马晓春、国象、俞斌、谢军、邱峻、胡耀宇、春兰杯、负于、王磊、曹薰铉、孔杰、诸宸、罗洗河、武术、农心杯、张栩、云南、老聂、宋泰坤、陈祖德、中日、富士通杯、围甲联赛、观战、芮乃伟、买棋、谢赫、张璇

体育__棒垒：

棒球、希腊队、澳大利亚队、战胜、拉拉队、垒球、古巴队、NCAA、三连冠、投手、女垒、中国女垒、美国大联盟、棒球联赛、克莱、小负、大联盟、博格斯、北京猛虎、垒球赛、女子垒球、雷尔、抗日、华盛顿国民队、惊艳、台北

体育__武术类：

克劳、拳击、山猫、对手、摔跤、夺金、跆拳道、苏拉、伊朗队、铜牌、经纪人、世界冠军、利奇、立陶宛、王旭、女子、冼东妹、孙福明、回合、拳王、美元、崔大林、古巴、邹市明、东亚、桑德斯、夺得、新闻发布会、玫瑰、无缘决赛、波多黎各、女子柔道、较量、中国军团、奥运金牌、重赛、秦东亚、阿

尔、凯利、性感写真、散打、沃尔、莫斯利、结束、自由式摔跤、花花公子、英雄、女柔、刘霞、旗手

体育_武术类_拳击：

拳击、山猫、对手、经纪人、利奇、回合、美元、拳王、邹市明、桑德斯、新闻发布会、较量、重赛、性感写真、凯利、散打、莫斯利、花花公子、前卫、豪宅、出场费、拳手、金童、文身、相扑、WBC、帕吉特、江湖、一场、沃德、霍亚、唐·金、克利钦科、对攻、中国拳击、孟菲斯、迈克、麦克、老霍、黑人、疯狗、收视率、这场、柳海龙、加里、争霸赛、路易斯、摔角、搏击、罗夫

体育_武术类_摔跤：

摔跤、世界冠军、立陶宛、王旭、夺得、玫瑰、波多黎各、中国军团、结束、自由式摔跤、旗手、偶像、女子手球、女子摔跤、摘得、获胜、桂林、看台、女将、8强、奥体中心、场外、孙冬梅、D组、告负、强敌、体校、奇迹、上阵、洛夫、师徒、摔跤世锦赛、滨口京子、古典式摔跤、我省、最高奖、自由搏击、女王、力挫、比赛项目

体育_武术类_柔道：

克劳、夺金、苏拉、伊朗队、铜牌、冼东妹、孙福明、崔大林、东亚、无缘决赛、女子柔道、奥运金牌、阿尔、秦东亚、沃尔、英雄、刘霞、女柔、埃尔、黑马、复仇、惨败、大洋洲、今晚、里斯、绝杀、残疾学生、费尔南德斯、斯诺、陪练、特教、中国女子柔道、右膝、时俊杰、花絮、霍元甲、韧带、刘玉香、刘永福、杨旭、雅典奥组委、科瓦切维奇、轮空、拉什、左膝、欧洲冠军、改打、无缘、李淑芳、布兰克

体育_武术类_跆拳道：

跆拳道、女子、古巴、一脚、段位、罗微、陈中、陈诗欣、王莹、吴静钰、索尔

体育__水上运动：

世锦赛、游泳、跳水、田亮、郭晶晶、罗雪娟、泳装、世界纪录、皮划艇、体育画报、吴敏霞、李娜、胡佳、花样游泳、菲尔普斯、梦之队、游泳世锦赛、奥运冠军、齐晖、出征、劳丽诗、索普、戈登、蛙泳、帆船、老瓦、男子、周雅菲、中国跳水队、美肤、杨文军、周继红、吴鹏、帆板、孟关良、欧阳鲲鹏、波兰、主持人、杜马斯、伏明霞、奖牌榜、美体、杨雨、赛马、自由泳、汉家军、国际泳联、中国跳水、中国男足、彭勃

体育__水上运动__游泳：

世锦赛、游泳、罗雪娟、泳装、世界纪录、体育画报、花样游泳、菲尔普斯、游泳世锦赛、齐晖、索普、蛙泳、老瓦、美肤、吴鹏、欧阳鲲鹏、美体、汉家军、自由泳、国际泳联、张亚东、接力、北岛康介、赵戈、男子200米、皮肤、全国纪录、选拔赛、扎克、仰泳、自由泳接力、朱颖文、徐妍玮、备战奥运、肌肤、泳装模特、中国游泳、全国游泳冠军赛、蛙后、水球、长城、体育泳装、夏令营、性魅力、巴塞、泳装美女、中国游泳队、游泳队、游泳馆、高畅

体育__水上运动__船艇：

皮划艇、戈登、帆船、男子、杨文军、帆板、孟关良、波兰、奖牌榜、赛马、斯特拉坎、500米、组合、龙舟、英国、美洲杯、马克、殷剑、划艇、斯基、切赫、训练基地、刘海涛、泽塔琼斯、斯特、外教、赛艇队、小组第二、C组、录像、鲁纳、艇队、皮艇、激流回旋、进入决赛、美洲杯帆船赛、李丽珊、剑桥、单人双桨、入住、霍震霆、男子麦迪逊赛、单人划艇、水上、双人划艇500米、约瑟夫、帆船帆板、罗斯基、复赛、道格拉斯

体育__水上运动__跳水：

跳水、田亮、郭晶晶、吴敏霞、李娜、胡佳、梦之队、奥运

冠军、出征、劳丽诗、周雅菲、中国跳水队、周继红、主持人、杜马斯、伏明霞、杨雨、中国男足、中国跳水、彭勃、萨乌丁、张健、十米台、跳水队、三米板、壮行、领队、清华、王天凌、何冲、罗玉通、难度、熊倪、喜欢、王克楠、赫尔、王峰、三金、3 米板、10 米台、意外受伤、跳台、梁锦松、四金、中国教练、爸爸、希腊人、发布会、霍启刚、特赦

体育_田径:

刘翔、运动员、韦德、阿里·汉、黄金联赛、兴奋剂、孙海平、邢慧娜、奖牌、董罡、加特林、格林、药检、杜库雷、110 米栏、国际田联、成绩、马拉松、伊辛巴耶娃、名将、处罚、中国田径、南京、尿样、史冬鹏、十运、蒙哥马利、男子 110 米栏、胡凯、B 瓶、铅球、摘金、王德显、亨特、鲍威尔、链球、加西亚、上海大奖赛、黄潇潇、柏林、1 500 米、盘点、女子 400 米栏、冯树勇、王丽萍、铁饼、杜库里、克劳福德、紫百合、张文秀

体育_篮球:

姚明、火箭、中国队、湖人、马刺、麦蒂、科比、NBA、活塞、男篮、小牛、奥尼尔、艾弗森、中国男篮、凯尔特人、热火、詹姆斯、世青赛、火箭队、太阳、森林狼、CBA、亚锦赛、步行者、网队、范甘迪、邓肯、国王、篮板、骑士、魔术、尼克斯、76 人、奇才、女篮、体坛、加内特、巴特尔、掘金、篮球、韩国队、公牛、直播、猛龙、全明星、超音速、王治郅、黄蜂、快船、雄鹿

体育_篮球_国内:

中国队、男篮、中国男篮、世青赛、CBA、亚锦赛、篮板、女篮、体坛、巴特尔、篮球、韩国队、中国女篮、日本队、广东宏远、中青队、江苏南钢、热身赛、美国队、后卫、易建联、广东队、山东队、胡卫东、新赛季、辽宁盼盼、蒋兴权、篮球宝

贝、速递、唐正东、总决赛、内线、江苏队、上海队、李楠、苗立杰、宫鲁鸣、大巴、隋菲菲、北京首钢、刘炜、安哥拉、新疆广汇、刘玉栋、八一双鹿、薛玉洋、阿尔斯通、奥神、篮协、朱芳雨

体育__篮球__国际NBA：

姚明、火箭、湖人、马刺、麦蒂、科比、NBA、活塞、小牛、奥尼尔、艾弗森、凯尔特人、热火、詹姆斯、火箭队、太阳、森林狼、步行者、网队、范甘迪、邓肯、国王、骑士、魔术、尼克斯、76人、奇才、加内特、掘金、公牛、直播、猛龙、全明星、超音速、王治郅、黄蜂、快船、雄鹿、基德、爵士、布朗、皮尔斯、灰熊、季后赛、弗朗西斯、开拓者、勇士、杰克逊、卡特、约翰逊

体育__网球：

网球、澳网、中网、费德勒、温网、阿加西、法网、纳达尔、莎娃、莎拉波娃、罗迪克、郑洁、彭帅、威廉姆斯、晋级、小威、库娃、孙甜甜、李婷、大威、休伊特、费雷罗、达文波特、大师杯、克里斯特尔斯、萨芬、海宁、种子、科里亚、纳尔班迪安、莫亚、公开赛、赛况、毛瑞斯莫、辛吉斯、ATP、德门蒂耶娃、桑普拉斯、斯里查潘、米斯金娜、大满贯、对阵、WTA、网坛、戴维斯杯、击败、16强、张德培、退出、奖杯

体育__羽毛球：

羽毛球、决赛、林丹、张宁、李永波、苏迪曼杯、半决赛、女双、谢杏芳、陈宏、八强、鲍春来、队友、伯明翰、高崚、首轮、男双、陶菲克、中国、羽毛球世锦赛、印尼、夏煊泽、杯赛、羽球、中国公开赛、卫冕、张军、张洁雯、湖南、周蜜、国际羽联、龚睿那、杨维、苏杯、世界排名、龚智超、付海峰、印尼队、晋级四强、谢中博、张亚雯、约翰森、拉尔森、蔡赟、女单决赛、失利、黄穗、中国羽毛球队、中国羽毛球公开赛、郑波

体育__自行车：

阿姆斯特朗、自行车、环法、开赛、环法赛、甲A联赛、环法大赛、潘塔、萨基、环法自行车赛、计时赛、视频、自行车赛、江永华、领先、米尔斯、场地、越野赛、违禁药物、得主、山地车、血检、勒支、乌尔里希、西蒙尼、黄衫、麦迪逊、揭幕、环青海湖赛、王国章、卢克、佩里、青海湖、职业化、大篷车、参赛资格、意大利国家队、场地自行车、何塞、朴次茅斯、哈萨克斯坦、EPO、拉尔、埃文、领骑衫、背心、巴尔、环青海湖、菲尔、黄金宝

体育__花花体坛：

美网、乔丹、足球宝贝、宝贝、辣妹、挂历、健身、美女、伦敦、大图、维多利亚、花花、女友、健康、性感、三版乔丹、强奸、酒店、选手介绍、理查德森、写真、波霸、惹火、秘鲁、希尔顿、妻子、孩子、性感名模、庄家、翘臀、性感宝贝、伍德盖特、女郎、训练场、帕勒莫、宝贝热舞、美胸、警方、太阳报、火辣、名模、裸体、米兰妮、乔迪、勾人、女人、世界杯宝贝、自传、丰胸、新鞋

体育__赛车：

赛车、F1、舒马赫、法拉利、阿隆索、车队、车手、莱科宁、巴林、小舒马赫、巴里切罗、赛段、蒙托亚、大奖赛、海德、雷诺、圣保罗、达喀尔拉力赛、赛道、排位赛、达喀尔、比利时、巴顿、卢宁军、莱库宁、法拉利车队、匈牙利、迈凯伦、麦克拉伦、奥地利、雷诺车队、轮胎、罗西、皮特、测试、练习赛、银石赛道、迈凯轮、赛车宝贝、董荷斌、巴黎站、积分、费斯切拉、圣马力诺、汽车拉力赛、F1 大奖赛、巴西站、阿德莱德、土耳其站、英美车队

体育__足球：

皇马、比赛、国家队、曼联、国奥、女足、国足、切尔西、

俱乐部、贝克汉姆、球员、球迷、阿森纳、上海申花、申花、足协、大连实德、中超、朱广沪、辽足、尤文图斯、AC米兰、训练、国奥队、巴萨、国际米兰、阿里汉、中国女足、队员、沈祥福、深圳健力宝、利物浦、拜仁、山东鲁能、罗马、北京现代、国青、冠军杯、米兰、罗纳尔多、埃弗顿、李铁、亚洲杯、邵佳一、实德、足球、孙继海、国米、裁判、尤文

体育_足球_国内：

比赛、国家队、国奥、女足、国足、俱乐部、球员、球迷、上海申花、申花、足协、大连实德、中超、朱广沪、辽足、训练、国奥队、阿里汉、中国女足、队员、沈祥福、深圳健力宝、山东鲁能、北京现代、国青、实德、裁判、中国足协、四川冠城、转会、沈阳金德、郝海东、马良行、亚冠、重庆力帆、鲁能、联赛、足协杯、外援、中国足球、上海国际、集训、杜威、金德、教练、天津康师傅、哈恩、吴金贵、国力、郑智

体育_足球_国际：

皇马、曼联、切尔西、贝克汉姆、阿森纳、尤文图斯、AC米兰、巴萨、国际米兰、利物浦、拜仁、罗马、冠军杯、米兰、罗纳尔多、埃弗顿、李铁、亚洲杯、邵佳一、足球、孙继海、国米、尤文、进球、英超、意甲、巴塞罗那、巴西、弗格森、曼城、拉齐奥、阿根廷、德甲、小贝、英格兰、亚足联、欧锦赛、国际足联、卡洛斯、亨利、齐达内、葡萄牙、劳尔、西甲、欧文、西班牙、冠军联赛、小罗、德国、戴维斯

体育_运动会：

十运会、东亚运动会、奥运会、奥运、金牌、希腊、北京奥运会、申奥、雅典、大运会、雅典奥运、城运会、吉祥物、开幕式、北京奥运、国际奥委会、雅典奥运会、会徽、罗格、赛场、东道主、锦标赛、都灵冬奥会、08之星、城运使者、相关知识、申办、北京奥组委、福娃、门票、火炬、袁伟民、奥林匹克、手

球、塞尔维亚、安特卫普、场馆、延边、奥委会、奥运吉祥物、代表团、竞技、奥运村、刘鹏、莫斯科、志愿者、金云龙、圣火、绿城、闭幕式

体育_运动会_其他运动会：

东亚运动会、金牌、大运会、城运会、开幕式、赛场、东道主、锦标赛、城运使者、火炬、手球、塞尔维亚、延边、代表团、竞技、圣火、绿城、闭幕式、伤势、保龄球、大学生、国家体育总局、运动会、拉拉队、民运会、教头、湘军、张琳、体育舞蹈、升旗仪式、段世杰、城运、异彩纷呈、两金、大赢家、韩乔生、小轮车、阿迪力、大邱、闭幕、机器人、开门红、练兵、榜首、大学、五城会、开幕、新星、中国澳门、军团

体育_运动会_奥运会：

十运会、奥运会、奥运、希腊、北京奥运会、申奥、雅典、雅典奥运、吉祥物、北京奥运、国际奥委会、雅典奥运会、会徽、罗格、都灵冬奥会、08 之星、相关知识、申办、北京奥组委、福娃、袁伟民、门票、奥林匹克、安特卫普、场馆、奥委会、奥运吉祥物、奥运村、刘鹏、莫斯科、志愿者、金云龙、主席、组委会、奥运名单、运动健将、现代五项、奥运场馆、瘦身、布莱尔、成龙、奥迪、萨马兰奇、投票、IOC、陈述、方案、赞助、奥运会徽、奥运会会徽

附录 5　聚类词语

按照 15 个大类、244 个层级小类，列出各层级类中的聚类词语。限于篇幅，这里仅以“科技”大类为例，只列出科技类中 20 个层级小类的聚类词语，每一小类只列出前 10 个种子词的聚类词语，每一聚类词语只列出前 50 个词条。

1. 科技__IT 互联网__互联生活

种子词：网吧

网吧、连锁网吧、网吧行业、网吧业主、网吧连锁、网吧业、兼容机、黑网吧、锐捷网络、RG－NBR100、网络文化经营许可证、网吧经营、联通网苑、增值服务、二手电脑、CDMA 1x、网警守护神、路由器、直营店、品牌机

种子词：博客

博客、博客网、中国博客网、博客中国、方兴东、前沿话题、孙坚华、blog、胡泳、自由软件、RSS、Blog、blogger、Salam Pax、Web2. 0、Blogger、胡司、木子美、印刷术、BLOG

种子词：学生

透视衣、B2290、装机方案、学生、长江商学院、轻骑兵、磐英、项兵、汉景、非法传播、网络侵权、多媒体音箱、网管、汤佳骏、Unika、Epox、临安、主件、德育、音箱

种子词：WiMax

WiMAX、WiMax、WIMAX、802. 16e、WiMAX 技术、英特尔、TD、WiMAX 论坛、无线宽带、3G、HSDPA、Wi－Fi、无线接入、北电、英特尔公司、IPTV、奥维通、移动 WiMAX、4G、DSL

种子词：科博会

科博会、电子营销系统、实验化妆品、北京科博会、中国建材研究院、科技中国、联邦国际金融公司、中文邮、BDA、欧元之父、智造、TOM 在线、投洽会、开天、伦敦交易所、施瓦布、世纪宅、关联应用、成长企业、北电网络

种子词：大学生

大学生、生染、分尸、黑客技术、人挂、空目录、尿酸、月供、唱片产业、校园音乐、最佳雇主、人气榜、黑客、联通公司、恶意欠费、网上留言、男网友、骗走、oracle、不明飞行物

种子词：网友

敌杀死、论坛文章、上海活动、分尸、计算机病毒、古惑仔、网友、网恋、春化、抱枕、抢劫强奸、郭某、俯卧撑、高射炮、车友、女网友、刘孜、滑雪、男网友、国家计算机病毒应急处理中心

种子词：孩子

网瘾、戒网瘾、孩子、上网成瘾、家长、网络成瘾、手机小强、戒除、陶宏开、二人世界、网络妈妈、心理治疗、上网时间、基因身份证、综合素质、果冻、戒网、心理问题、科技、儿童手机

种子词：银行

刀片服务器、eServer Blade Center、信用身份证、CDMA、用户信息、网上银行、网络银行、电子银行、银行业务、银行、网银、网络购物、被盗现金、群防、手机银行、企业资源计划、国内厂商、恶意欠费、退市、SAP

种子词：癌症

癌症、《自然》、氩氦刀、癌症疫苗、亚硝基、前列腺切除、现洋、鸭嘴龙、硝酸铵、苏丹红、硝酸盐、技术家、患癌、何杰金氏、癌细胞、骨骼化石、肝硬变、干晒、硝基、农家肥料

2. 科技＿IT 互联网＿国内

种子词：联想

联想、新联想、杨元庆、联想集团、柳传志、联想翱龙、PICSEL、消费笔记本、开天2代、Y800、A820、PC业务、三年规划、双模式电脑、G811、XP210、7999、戴尔、PC、E255

种子词：盛大

盛大、陈天桥、唐骏、娱乐电视业、IPTV、唯美德、Actoz、联星空、传奇世界、Wemade、盛大网络、荣誉总裁、财务盲点、WEMADE、互动娱乐、神迹、韩国 Wemade、新浪、九城、陈永正

种子词：百度

百度、李彦宏、搜索引擎、Google、竞价排名、IE、搜索伴侣、搜索市场、搜索门户、谷歌、3721、四大门户、百度上市、慧聪、杨冰之、中文信息检索、携程网、网络实名、中国互联网、internet explorer

种子词：新浪

新浪、汪延、茅道临、张莅政、中文搜索、搜狐、盛大、中国互联网、试算、二季度纯利、段永基、搜索联盟、曹国伟、茅道临、王志东、毒丸、盛大收购新浪、非广告收入、网兴科技、陈彤

种子词：盖茨

盖茨、比尔·盖茨、微软、《福布斯》、鲍尔默、WinHEC、XBOX live、Windows Server 2003、莫国防、斯利姆、微软公司、王琼华、Windows Media 9、盖茨基金会、玛丽奥、Longhorn、纬创、文化劫掠、计算机、沃达丰

种子词：中关村

中关村、电子卖场、电脑节、鼎好、电子市场、段永基、海龙、赛博、中关村电脑节、中关村科技、方兴东、邓中翰、科技

新干线、中关村科技园区、SyBase、八亿时空、朱希铎、试金、海龙电子城、焦集莹

种子词：搜狐

搜狐、张朝阳、李善友、17173、古永锵、搜狗、谷歌、17173. com、搜狐公司、网龙、焦点网、张亚勤、中国互联网、互联网红色记忆、非广告收入、网易、搜索引擎、海虹、EBIT-DA、数字域名

种子词：李开复

李开复、Google、谷歌、微软、Google 中国、比尔·盖茨、全球副总裁、张亚勤、竞业禁止、史蒂夫、微软公司、计算机、中国区总裁、百度、中国软件业、中国研究院、赶集网、21 世纪、开复、兰迪

种子词：网易

网易、孙德棣、网易公司、丁磊、Doubleclick、董瑞豹、《福布斯》、中国互联网、香港网、财报、搜狐、张毅、Lineage、SEC、新闻集团、刘禹、销售合同、邵亦波、王兟、收费邮箱

种子词：人才

IT 人才、无忧指数、人才、技术人才、软件人才、数控、Linux、汽车维修业、电子设计自动化、网络人才、信息安全产业、游戏学院、人才需求、人才流动、顾雏军、冷潮、技能人才、北大青鸟 APTECH、软件学院、力搏

3. 科技_IT 互联网_国际

种子词：美元

BMC、PalmSource、安捷伦、收盘价、财报、每股收益、营收、垄断案、美元、333 MHz、手机销量、256 Mb、每股、美分、交易日、266 MHz、净利润、IDC、第四季度、电子产品

种子词：戴尔

戴尔、戴尔公司、惠普、打印机、Axim X5、戴尔中国、

Axim X3、符标榜、直销模式、罗林斯、AXIM、Inspiron 300m、Axim、MicroUnity、联想、全球统一采购协议、PalmOne、Inspiron 300M、深圳出入境管理信息系统、PC

种子词：公司

Portal、Iomega、Norton、TurboCRM、支撑网、资信局、Orcale、CRM、Orbitz、海尔电脑、王晓初、实达电脑、8848、CIENA、实达科技、Fast、RIM、手机裤、Dockers、雷师

种子词：收购

仁科、J. D. Edwards、甲骨文、收购、Psion、Overture、J. D. Edwards、网兴科技、美泰、McDATA、U T、Symbian、Wanadoo、美国DVD制造商、北京鸿联九五、股票清偿期、沪科、商用软件业、西部海湾、南方贝尔

种子词：财报

财报、每股收益、成一虫、网络收入、净利润、营收、Adobe、First Call、美国东部、安捷伦、国际化方案、Proforma、网信、美分、第四季度财报、第四季度、Lexmark、每股、Nvidia、收为

种子词：甲骨文

甲骨文、仁科、甲骨文公司、SAP、Retek、应用软件、Oracle、J. D. Edwards、ORACLE、埃里森、企业网格计算、陆纯初、鲲鹏计划、大中国区、J. D. Edwards、Larry Ellison、冯星君、BEA、Siebel、恶意收购

种子词：IT

IT、国际IT要闻、CNET、全球IT、国际要闻、宏碁、Cnet、NITT、PConline、IT服务、分离采购、要闻、ZD、杜红超、计算机、康国平、ZDNet、Hanaro、资信局、电脑之家

种子词：技术

OCR、贝尔基础研究院、微米光、EZ－D、维诺德·科斯

拉、U T、冲突波、沪科、编程应用、负效应、ASML、深圳电信、《福布斯》、手写笔、Intuit、杨元庆、关联应用、闪盘、VMware、WIMAX

种子词：思科

思科、思科公司、华为、杜家滨、路由器、徐启威、Linksys、纬度通信、钱伯斯、Latitude、尹小山、万兆网络、上海广电网络、万兆校园网络、日立数据、迈普通信、商务周刊、佳杰科技、系统公司、IOS

种子词：全球

ICANN、alexa. com、Sobig. F、MS Office、WiFi、哈 Q 酷、802. 20、接入率、VLSI、《福布斯》、钱华林、国际电信同盟、Q2、LcoS、赵方、4G、吴限、双屏、全球、信令

4. 科技__IT 互联网__统计报告

种子词：互联网

互联网、中国互联网、王冉、新网互联、互联网络、个人CN 域名、联想翱龙、CNGI、企业建站、互联网文化单位、精细化运营、下一代网、IPv6、下一代互联网、免税特区、网络发展、王恩海、ICANN、网民、中国互联网协会

种子词：用户

用户、逻辑锁、杨伟庆、amw、广东移动、女友周刊、digimax V4、入网套餐、IPTV、电话用户、广州通信、Sober、信息需求、RIAA、锐捷网络、“一号通”、固话、Internet、接入率、通管局

种子词：科技

俞翠薇、科技、缪寿良、康国平、美格、方兴东、Borland、发音王、许知远、科技新干线、北京超图、孙坚华、TCL L9200、中国农民网、中关村科技软件、耕宇、东翎、超声系统、科技发展、NV

种子词：网站

CNET、网站、政府信息传播、ZDNet、弹孔贴纸、置服务网、三维全景图、女友周刊、Orcale、PConline、好便宜网站、易东东、Orbitz、七彩谷、科技频道、热点调查报告、语音点播、中国经济网、中国搜索、互联网

种子词：网民

网民、CNNIC、中国互联网、互联网、中国互联网络信息中心、网民数、奇客、网络发展、网民数量、纸媒、互联网络、中国互联网络发展状况、垃圾邮件、王恩海、上网理财、中文文化网站、统计报告、上网时间、上网、互联网发展状况

种子词：增长

RAD、精耕、VLSI、业务收入、即时信息、TOM在线、王恩海、智能电话、信息化指数、Gartner、Sun、厦新、王兟、WiFi、电子信息产品制造业、增长、夏新、财报、BEA、消费笔记本

种子词：网络游戏

网络游戏、网游、大众软件、曹天、游戏、游戏产业、总代权、NCSoft、Lineage、瑞星、BB Games、九城、网络游戏市场、游戏产品、网络游、盛大、玩家、盗号、电子运动会、韩国游戏

种子词：域名

域名、CN域名、域名注册、ICANN、CN、中国互联网络信息中心、顶级域名、二级域名、域名争议机制、.CN、CNNIC、.cn、注册域名、中文域名、cn、根服务器、Dos、fm365、万网、域名事件

种子词：广告

NV、网络广告、Google、广告主、顾晓鸣、Amazon、弹出式广告、窄告、磁带格式、广告格式、南方高科、弹出广告、广告市场、非广告收入、网信、FTC、广告、冯珏、广告衫、ATI

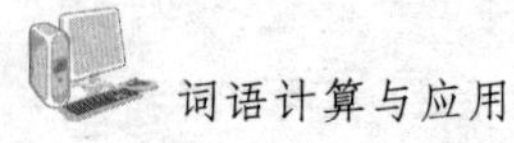

种子词：上网

ICS、上网、网民、共享上网、NAT、上网时间、电话QQ、上网计算机数、Win 98、计算机、固话聊天、电力线上网、电子病历、中国互联网络信息中心、拨号上网、WLAN、中国互联网络发展状况、上网方式、CN、中国互联网

5. 科技_IT互联网_网络

种子词：Google

Google、搜索引擎、雅虎、李开复、百度、谷歌、图书搜索、Gmail、搜索市场、慧聪、搜索技术、AltaVista、广告搜索器、高级新闻搜索、新闻提醒服务、搜索联盟、Netscape、微软、Overture、搜索服务

种子词：病毒

病毒、计算机、熊猫烧香、反病毒、蠕虫、瑞星、蠕虫病毒、杀毒软件、变种、Sobig、熊猫软件、江民、反病毒专家、Sobig. F、新病毒、国家计算机病毒应急处理中心、计算机病毒、MyDoom. B、SoBig、Nachi

种子词：网络

网络、克隆器、McDATA、IPv6、邓富康、光时代、Lotus、贝索斯、方正世纪、ADSL2、天籁之星8000、CoreStream、星网数码、吃友会、企业网、一缆通、同城相约、联迪科技、FTTH、NGN

种子词：雅虎

雅虎、Google、雅虎公司、雅虎中国、3721、Overture、周鸿祎、搜索引擎、周鸿祎、境外软件研发中心、杨致远、搜索市场、番薯藤、谷歌、搜索技术、企业软件、集富、搜索服务、阿里巴巴、MSN

种子词：苹果

iPod、苹果公司、iPhone、苹果、乔布斯、iTunes、Mac、

iMac、苹果电脑、NAD、Mac OS X、eMac、Apple Ⅰ、苹果G5、iBook、Power Mac G5、音乐播放器、PowerBook G4、IPOD、MusicMatch

种子词：搜索

Google、搜索引擎、百度、搜索市场、搜索、雅虎、搜索技术、搜索结果、搜索服务、AltaVista、网络猪、中国搜索、新闻提醒服务、慧聪、搜索产品、Fast、门户服务、Overture、竞价排名、搜索联盟

种子词：黑客

黑客、计算机、黑客攻击、米特尼克、中国黑客、万涛、安全漏洞、Mi2g、CeBIT asia、Verisign、红客、斯托尔曼、汤普生、李永进、WinZip、根服务器、VM、安全缺陷、iTunes、特洛伊木马

种子词：金山

金山、金山公司、金山毒霸、雷军、瑞星、WPS、剑网、金山软件、求伯君、网游、剑侠情缘、激进病毒、杀毒软件、WPS Office、剑侠情缘网络版、软博会、毒霸、病毒提示、WPS Office 2003、办公软件

种子词：MSN

MSN、MSN Messenger、MSN Explorer、微软MSN、UC、朗玛UC、浏览器全、Messenger、MSN Premium、微软、聊天服务软件、Msn、Hotmail、即时通讯、MSN Messenger 6.0、MyIM、McAfee、DSL、MSN Helper、即时聊天

种子词：垃圾邮件

垃圾邮件、反垃圾邮件、中国互联网协会、发送者、垃圾邮件服务器、邮件、电信用户、邮件服务器、反垃圾邮件法、电子邮件、反垃圾、趋势科技、协调小组、网络攻、Sophos、互联网协会、MessageLabs、动态IP、PCWORLD、计算机

6. 科技_业界资讯

种子词：市场

杀毒市场、Itanium 2、管理王、理光、瑞星、QAD、平板电视、逐点精密、三强时代、安腾 2、服务器市场、大显通信、Itanium、邓富康、TurboCRM、家用 PC、消费笔记本、Q2、杀毒、宽带市场

种子词：印度

NITT、印度、境外软件研发中心、《福布斯》、Infosys、印度软件、网络迁移、赛贝斯、Paul Otellini、登月计划、印度 IT 业、印度电信、外包、软件展、NIIT、电话用户、印度软件业、太阳同步轨道卫星、班加罗尔、技能熟练

种子词：谷歌

谷歌、Google、李开复、Android、百度、雅虎、词库、YouTube、佩奇、拼音输入法、谷歌地球、谷歌中国、开放手机联盟、Facebook、搜索引擎、输入法、微软、搜狗、科技论坛、应用软件

种子词：TOM 科技

中国电子报、林枫、美国东部、网络性爱、RFID、新联想、华硕、TOM 在线、贞操带、IBM、拍裸照、美女主持、联想、科技频道、李立、精神疾病、科技、华硕显卡、西门子、Burst

种子词：品牌

凯创、ThinkCentre、胡泳、品牌电脑、实达网络、空调、文化艺术报、上海科技报、纯净界、3.06G、品牌、National、沃达丰生活、完全装备、山东移动、动感地带、中国普天、无线情缘、闪存、欧阳忠谋

种子词：厂商

厂商、高端商用 PC、QAD、杜红超、库存逼、冲突波、杀毒厂商、杀毒市场、电信展、杀毒、MSTP、笔记本、沐泽、瑞

星、单机版、家电厂商、Tablet PC、江民、Infineon、LCD TV

种子词：降价

降价、传统冲印、3.4Ghz、平板电视、数码冲印、手机降价、杀毒市场、液晶电视、空调、中域、手机渠道、移动存储、彩屏、杀毒、库存逼、英特尔、单机版、商务车、Pentium4、降幅

种子词：美国

戴莱尼、软件炸弹、美国国家半导体、在线营销、偏执症、科姆卡斯特、《自然》、印度IT业、旅行者1号、导航灯、灾难恢复、转网、COMDEX、Gartner、Sprint PCS、McAfee、开放源码、美国网件、Comcast、T－Mobile

种子词：方正

方正、方正科技、方正集团、周险峰、方正控股、魏新、祁东风、方正电子、正电子、上海高清、珠海多层电路、商祺、苏钢、方正电脑、方正软件、8399、周厚健、方正世纪、海信、汤帜

种子词：重组

重组、网通北方、网通、3G牌照、网通集团、高尔文、七砂、电信重组、吉通、高鸿、网通国际、PalmOne、机构重组、财务操纵、Iomega、小网通、网通南方、阴极射线管、田溯宁、中国网通

7. 科技__创业投资

种子词：企业

QAD、ViaSeal、威锁、BPM、《福布斯》、企业绩效管理、二百强、RIM、新太、世界电信展、BISC、姜奇平、马化腾、企业网格计算、GPRS、Sobig. F、Oracle、彩色商务、企业专利、QQ2003

种子词：电子商务

电子商务、阿里巴巴、中国电子商务、行业商务互联网、七彩谷、免税特区、雅宝交易网、B2B、国际电子商务大会、电子商务网站、马云、卓越网、C2C、网商、上海旅游网、eBay、电子签名法、8848、B2C、Forrester

种子词：阿里巴巴

阿里巴巴、马云、网商、B2B、《福布斯》、alibaba. cn、C2C、贸易通、淘宝网、进口交易平台、构筑电子商务群、电子商务、中国互联网、支付宝、慧聪网、雅虎、淘宝、搜索产品、网上工业品交易会、慧聪

种子词：并购

并购、曼内斯曼、Fast、太平洋软件、Overture、埃斯纳、Oracle、AltaVista、康国平、亚信控股、换股、联想、Comcast、鸿翔、赛格集团、Sohu、网龙、科姆卡斯特、GE、通用电气

种子词：马云

马云、阿里巴巴、《福布斯》、淘宝网、C2C、腾讯RTX、支付宝、付费搜索、中国互联网、网商、淘宝、B2B、孙正义、电子商务、中国电子商务、软银、雅虎、雅虎中国、贸易通、易趣

种子词：投资

联电、NGN、沈阳公用、MOS－17、宣明智、SIS、实达电脑、C2C、ALI、MTNet、PSTN、实达科技、实达、安捷伦、COMDEX、贝岭、软件外包、华虹、联想投资、芯片工厂

种子词：发展

虚拟主机、cdma20001X、国家域名、compaq、频段、3G、域名、IPTV、软件产业、Windows 2000 server、非现场交易、曹淑敏、域名注册、软件业、万网、TD－SCDMA、电子信息制造业、cdma2000、软件企业、VAIOZ1

种子词：产业

虚拟主机、格鲁夫、集成电路、ACTOZ、信息化指数、产业发展、中国互联网、晶硅、Windows 2000 server、Longhorn、DVD－R、创意产业、七喜、贝瑞特、Forrester、CD－R、手机下载、通信产业、AVS、微电子产业

种子词：中小企业

中小企业、中小企业信息化、互联网上市、灵动商务、腾越计划、中小企业板、板块、中小企业融资难、深交所、杀毒厂商、深圳证券交易所、范福春、Intuit、黄建新、主板、ERP、纳斯达克、中小盘板块、SAP、信息周刊

种子词：IPO

IPO、Google、百度、网通、亚洲网通、中芯国际、灵通、网通集团、瑞萨、Freescale、发行额、小网通、阿里巴巴、恒生电子、广东通信、超购、华润上华、中芯、天天在线、发行价

8. 科技_家电行业

种子词：TCL

TCL、李东生、万明坚、杨伟强、TTE、汤姆逊、阿尔卡特、TCL集团、PICSEL、TCL多媒体、TCL电脑、e757、德国施耐德、龙腾之火、TCL L9200、TCL D8800、彩电、TCL通讯、D8800、吸收合并

种子词：健康

辐照食品、科技频道、蜂胶、辐照、生溃疡、美国加州斯克里普斯研究所、卡路里、探月、健康、赖床、健康空调标准、胡萝卜素、国标、网络性爱、弗里德里希、体虫、浮噪、空调、空调业、全麦食品

种子词：家电

家电、空调、国美、苏宁、家电报废、中国家电、杜红超、唯冠、家电产品、网络家电、电器、资讯家电、家电经销商、电

子产品、家电业、彩虹服务、家电卖场、中永通泰、家电市场、家电连锁

种子词：国美

国美、黄光裕、国美电器、等离子墙、苏宁、空调、彩虹服务、《手机》、格力、创尔特、家电、平板电视、格力空调、港店、裸净价、家电卖场、董明珠、家电连锁、采购航母、电器

种子词：数字电视

数字电视、IPTV、机顶盒、电视产业、资讯家电、中国数字电视、牛玉松、国家广电总局、数字电视标准、娱乐数字电视、整体转换、北广电、创维、炎黄一号、有线数字电视、模拟电视、车载卫星自动跟踪系统、720P、高清、数字电视机

种子词：海尔

海尔、美泰、海尔电脑、海尔集团、美泰克、张瑞敏、热水器、海尔中建、成一虫、笔形手机、空调、三洋海尔、青岛海尔、超宽带、海尔电器、白电、网络家电、科龙、国联家电、雷师

种子词：长虹

长虹、APEX、厦华、四川长虹、数字消费品、倪润峰、平板电视、彩电涨价、TI、刘海中、CHDTV、反倾销名单、郭炳联、IPTV、赵勇、彩电、彩电价格、友达、电视接收机、长虹集团

种子词：空调

空调、能效比、库存逼、空调业、乐华空调、格力、家电经销商、健康空调、变频空调、奥克斯、空调市场、飞翔达、凝结水、能效、陈小石、东洋 TOYO、苏宁、广东三雄、空调品牌、能效标志

种子词：平板电视

平板电视、平板、液晶电视、海信、外资品牌、42 英寸、

等离子电视、等离子、液晶、平板彩电、CRT电视、彩电、厦华、高清、长虹、康佳、空调、创维、37英寸、英寸

种子词：彩电

彩电、平板电视、彩电企业、TCL、长虹、中国彩电、创维、康佳、汤姆逊、等离子墙、高端彩电、高清战略、等离子、厦华、彩电涨价、液晶、彩电业、逐行彩电、海信、倾销彩电

9. 科技__数码__视频

种子词：索尼

索尼、DSC - F717、索尼公司、vaio、CLIE、PEG - SJ30、VAIO、TG50、DSC - V1、F828、记忆棒、索尼 VAIO、E10、Qrio、钻石珑、F707、PSX、F717、DSC - U60、CLIE PEG TJ35

种子词：数码相机

数码相机、像素、佳能、奥林巴斯、尼康、CCD、A70、V4、300万像素、电池、佳能A70、Coolpix、AZ3、DSC - F717、DiMAGE、Digimax、存储卡、DC、Digimax V4、V20

种子词：DC

DC、2600S、g3、莱卡光学、李希、禄莱、拓邦、数码相机、像素、a70、照相手机、nikon、BenQ DC4500、长焦、尼康新、尼康、CCD、佳能、防抖、存储卡

种子词：佳能

佳能、V3、A70、S45、EOS - 1D Mark Ⅱ、PowerShot、打印机、Digimax V3、DIGITAL、数码相机、数码单反、300D、G5、佳能A70、MIPC、IXUS、数码相机A80、Pictbridge、G3、EOS300D

种子词：柯达

柯达、乐凯、柯达公司、邓凯达、数码相机、数码冲印、彭安东、富士、乐凯胶片、叶莺、DX4330、数码影象、传统影像、胶卷、EasyShare、数码影像、传统胶卷、冲印、传统相机、Pro

种子词：百万像素

百万像素、百万像素手机、SuperCCD、3CCD、200 万像素、DV3000、索尼超、CeBIT 2004、像素、滑盖、RealOne、照相手机、摄像手机、拍照手机、数码摄像机、诺基亚、图赏、相机手机、Super CCD、索爱

种子词：智能

农联社、灭虫器、STAR－S6808、复制 3、指纹模板、智能手机、VLAN、Palm、智能、智能 CD、Symbian、Handspring、聪明手机、Comdex、楼宇、锐捷、智能网、公话、智能显示器、Treo 600

种子词：掌上电脑

掌上电脑、Palm、PDA、AXIM、CLIE PEG TJ35、天籁之星、掌上、n10、神达、Axim X3、Pocket、智能手机、H4350、h1920、e750、中关村报价、奔迈、电池、CLIE、天籁之星 8000

种子词：尼康

尼康、coolpix3100、COOLPIX、数码单反、CoolPix、D70、D50、coolpix、Coolpix、D200、佳能 300D、佳能、SQ、数码相机、COOLPIX SQ、D2X、索尼 F828、COOLPIX3100、D100、CP8700

种子词：DV

DV、数码摄像机、新视界、AIPTEK、EXPRESS、DV3000、光迅、网 E 拍、LG8280、DEC、视频采集卡、三星杯、佳能、1394、Pocket、李希、3CCD、CCD、mpeg2、像素

10. 科技_数码_音频

种子词：MP3

MP3、爱柯、MP3 市场、播放器、WMA、iFP－190TC、KDL、电池、崴昂、M1580、亚迅、iRIVER、FM、SonicBlue、松景、NC818、YP－750i、NEC MP3、魅族、Archos

种子词：松下

松下、松下电器、Lumix、松下中国、P•、超轻笔记本、手机征文、3CCD、SJ－MR250、松下MD、张仲文、学生专用、X700、ct800、GD88、电池、Panasonic、品牌谍、FZ1、无线鼠标

种子词：iPod

iPod、YP－750i、苹果公司、音乐播放器、iTunes、iPod mini、镜秀公主、苹果、苹果iPod、播放器、乔布斯、Mac、苹果电脑、数字音乐播放器、iPod Mini、电池、PSP、硬盘式MP3、迷你版、惠普

种子词：功能

直板手机、CIENA、CoreStream、世界遗产、XML、msc、缓存、下一代网络、板机、PDA、折叠机、MSC、P800、200Mhz、Zire、智能机器人、掌上电脑、功能、无线联网、TTS

种子词：夏普

夏普、液晶电视、液晶、AQUOS、纸板盒、UM32、768MB、平板电视、Zaurus、T2000、LCD、三维显示器、幕灯、液晶面板、SX813、M10、松下MD、350：1、外置硬盘、林挺庆

种子词：音乐

Jelawat、RM、索浦、音乐、网上下载者、RIAA、Roxio、音乐手机、网络收音机、Pressplay、音乐下载、Morpheus、音乐盗版、网络音乐、TAKARA、数字音乐、Advanced WMA Workshop、iMesh、下载音乐、在线音乐

种子词：创新

Jukebox、JUKEBOX、Zen、数字功效、Microsoft®、中国计算机报、MicroDrive、Audigy2、eX、掌上学、声卡、20GB、CD/MP3、USB 1.1、NTT DoCoMo、立体电视、MP3/WMA、创新、4GB、单机版

种子词：播放器

播放器、NEC MP3、MP4、P908、硬盘 MP3、Joybee150、Burst. com、iPod、iRiver MP3、魅族、AV320、firmware、Iriver、PVP、天籁之星、星网数码、TDK、WMA、JNC、SONICblue

种子词：时尚

吃友会、深圳电信、AY765、天籁之星、星网数码、概念手机、时尚、金融投资报、Kjava、IRIVER、探索者、Xelibri、iPOD、F860、R9200、P4 2.4G、诺基亚、I875、数码相机、专用机

种子词：MP3 播放器

MP3 播放器、播放器、电池、MP4、MP3 市场、MP3、大容量、多款、P 系列、Joybee150、微硬盘、MOVO2、WMA、昂达、MP3 手机、松景、闪存、掌上学、K&C、月光宝盒

11. 科技_电信通讯

种子词：手机

手机、《手机》、诺基亚、国产手机、手机市场、摩托罗拉、手机厂商、IMEI、协亨、智能手机、黑白屏手机、索爱、中域、中邮普泰、索尼爱立信、Sendo、双模手机、国内手机厂商、彩屏机、科健

种子词：3G

3G、3G 牌照、TD - SCDMA、3G 业务、TD、TD - SCDMA、3G 市场、WCDMA、3G 时代、3G 技术、2G、3G 手机、运营商、3G 在中国、3G 网络、电信研究院、3G 标准、WiMAX、中国 3G、HSDPA

种子词：诺基亚

诺基亚、何庆源、Symbian、诺基亚公司、奥利拉、摩托罗拉、Psion、康宇博、视控器、cdma、TETRA、6220、移动接入、N - Gage、手机、手机照片、智能手机、MMS、高通、芬兰移动

种子词：联通

联通、CDMA、双模手机、中国联通、王建宙、CDMA1X、1X、联通 CDMA、GSM、PICSEL、单向收费、移动公话、北京联通、联通集团、上海联通、双模卡、联通无限炫风暴、CDMA 1X、高通、广东联通

种子词：电信

电信、IPTV、电信法、电信业、尚阳科技、电信业务、中国电信、号码携带、电信市场、运营商、山东电信、uPassTM、续俊旗、互联互通、电信企业、电信运营商、电信运营业、网通、小灵通、电信服务

种子词：摩托罗拉

摩托罗拉、高尔文、桑德尔、唯冠、诺基亚、MOTO、E1000、时大鲲、MPx100、陈永正、戴莱尼、V600、摩托罗、札菲罗夫斯基、V3、A780、加尔温、V690、A768、卢雷

种子词：小灵通

小灵通、小灵通的、UT 斯达康、机卡分离、小灵通手机、短信互通、双模小灵通、北京通信、基站、PHS、资费、上海电信、中国电信、无线市话、放号、小灵通网络、吴鹰、广州电信、单向收费、小灵通短信

种子词：西门子

西门子、西门子手机、明基、冯必乐、手机部门、一键通话、BISC、李焜耀、“自动化之光”专列、手机业务、TD－SCDMA、数字无绳电话、波导、三频手机、一键通、64 Mb、Infineon、笔形手机、城市热点、西门子公司

种子词：运营商

运营商、3G、IPTV、NGN、Brew、MegaFon、位置服务、电信运营商、手机补贴、3G 牌照、ARPU、日本电信、CNGI、电信、Excelcomindo、移动号码、号码携带、PTT、Megafon、通信展

种子词：索爱

索爱、索尼爱立信、井原胜美、HBH－35、W800、K750、图赏、古尼拉、S600、S700、P908、音乐手机、影像手机、移动影像、T618、Z300c、多媒体手机、W810、200万像素、环球企业家

12. 科技__电脑__产品动态

种子词：PC

PC、Tablet PC、Tablet、联想、Pocket、戴尔、POCKET、惠普、新联想、Gartner、移动PC、PC业务、紫光、盖特威、扎货、PC厂商、神码、PC市场、LEOS、NC

种子词：电脑

电脑、XP208、计算机、联想、品牌电脑、恒生电脑、XP218、星体大冲撞、韦尔奇娅病毒、品牌机、电脑服务、品牌PC、二笔输入法、长城旧渠道、掌上电脑、佩戴电脑、神州数码、大亚东海、海尔电脑、Q－Desk

种子词：上市

网通、上市、视控器、天音、巨人网络、纳斯达克、IPO、中化集团、百度、新财经、B2290、阿里巴巴、永中Office、中芯国际、互联网上市、炫计划、无间道Ⅱ、迪信通、拆分电信、Google

种子词：NVIDIA

NVIDIA、GDDR3、移动GPU、NV40、GeForce 6800、GeForce 6、NV38、GPU、PCI Express、Nforce3、图形芯片、R420、6800Ultra、nForce3、NV36、NV45、显存、ATI、GDDR2、与NVIDIA

种子词：新品

HY－408、新品、同方数码、迷你王、伊势富一、华旗资讯、Bios、移动存储、空调、杀毒厂商、Rio、MP3－H07、蓝色快车、卢雷、System、杀毒、升腾资讯、panasonic、WPS Office、WPS

种子词：CeBIT

CeBIT、亚洲 CeBIT、CeBIT2004、CEBIT、CeBIT 2004、Cebit、展会报道、CeBIT 展、虚拟键盘、CeBIT 展会、CeBIT asia、浩鑫、BTX、李焜耀、汉诺威、CeBit 2004、SAMSUNG、CoolerMaster、一键通、参展商

种子词：蓝牙

蓝牙、蓝牙技术、MyPal、蓝牙耳机、蓝牙手机、Bluetooth、《福布斯》、A620BT、UWB、BLUETOOTH、超宽带、MCH、Tungsten、微星、蓝牙适配器、845E、技术联盟、Inspiron 300m、掌上电脑、notebook

种子词：发布

星网数码、实达网络、迷你王、国家域名、Office 2003、域名、华旗资讯、WebLogic、万网、64bit、Itanium 2、Bios、移动存储、Longhorn、中国互联网络信息中心、微软、Itanium、G5、MP3 - H07、星网

种子词：RFID

RFID、RFID 技术、电子标签、中国峰会、TOM 在线、RFID 标签、射频、现场直播、科技频道、RFID 芯片、集装箱、EPC、供应链、识别技术、应用、应用系统、无线射频识别、技术应用、ISO、计算机

种子词：XBOX

Xbox、微软、Xbox 游戏机、游戏机、XBOX、Xbox360、Xbox Live、日本市场、微软 Xbox、PS3、视频游戏机、微软公司、任天堂、比尔·盖茨、HD - DVD、游戏平台、游戏主机、索尼、IPTV、游戏

13. 科技__电脑__硬件

种子词：笔记本

笔记本、笔记本电脑、电池、笔记本市场、本本、迅驰、宽

屏、华硕、接口、插槽、东芝、处理器、台式机、光驱、李希、硬盘、消费笔记本、P4、邦甲、ThinkPad

种子词：英特尔

英特尔、英特尔公司、AMD、处理器、贝瑞特、芯片、迅驰、负循环、845G、XScale、安腾、Banias、无线芯片、芯片组、Prescott、WiMAX、WI－FI、intel、Intel、诺宜斯

种子词：IBM

IBM、新联想、联想、IBM 公司、eServer、ThinkPad、Thinkpad、ThinkCentre、eServer i、Linux、小型机、IBM 中国、linux、PC 业务、SCO、Candle、R50、VAD、T41、周伟焜

种子词：三星

三星、三星电子、V4、Digimax、SM－316、Digimax V4、digimax、P10、U－CA3、三星公司、X15、E108、YP－700H、X559、三星家电、digimax V4、NOR、新视界、AnyCam MPC－C30、三星显示器

种子词：惠普

惠普、打印机、卡莉、孙振耀、戴尔、中国惠普、iPAQ、Photosmart、Capellas、激打、菲奥莉娜、H4350、打印专利、彩色商务、灵动商务、HP、康柏、家用 PC、消费电子、打印

种子词：AMD

AMD、英特尔、处理器、AMD 公司、Opteron、双核、AMD Opteron、Athlon 64、CPU、Athlon64、芯片、64 位处理器、Intel、双内核、ClawHammer、鲁尔兹、AMD 处理器、英特尔公司、郭可尊、Athlon XP－M

种子词：芯片

芯片、英特尔、英特尔公司、AMD、华夏网芯、芯片业、和舰、华虹 NEC、芯片产业、华润上华、芯片设计、SEMI、THUMP、半导体、双内核、中芯国际、芯片厂商、Deerfield、处

理器、R350

种子词：处理器

处理器、AMD、英特尔、Intel、Prescott、90纳米、至强64、AMD Opteron、Opteron、Dothan、英特尔公司、Thorton、Athlon 64、64位处理器、双核心、二级缓存、Power5、缓存、主频、2500+

种子词：主板

主板、芯片组、插槽、微星、华硕、ATHLON64、nForce2、内存、技嘉、SocketA、Intel 875、磐正、Intel、硕泰克、i845PE、845PE、SiS648、ATHLON 64、升技、BIOS

种子词：产品

三强时代、大显通信、U T、中恒讯视、Norton、Pictbridge、多功能一体机、ProCurve、wapi、情报服务、负循环、Oracle 10G、沪科、方正世纪、闪盘、计价秤、信息技术产品、高新产品、磁带格式、电子信息制造业

14. 科技_电脑_评测

种子词：游戏

游戏、姚明2004篮球、ChinaJOY、华硕A7000显卡、游戏基地、DC3410、智冠科技、手机游戏、龙尔数码、俄罗斯方块、网络游戏、PTT、2003 E3、NOKIA、游戏网、虚拟财产、BB Games、秘密潜入2、CEG、网游

种子词：测试

Pentium4 CPU、FP581S、Power Mac、Futuremark、测试、800MHz、TD-SCDMA、TD-SCDMA、WCDMA、3G、SiSoft Sandra、外频、IOT、示波器、双模手机、Yahoo、Bata2、AMD Athlon 64 3400+、闪盘、新手上路

种子词：评测

评测、女人星F1、Aopen、哈Q酷、S2000D、SiS648、

TOSHIBA PORTEGE2000、崴昂、i845PE/GE、845GE、S1300、VIA P4X400、M2400、845PE、PIII、X24、NEC S260、GeForce4 Ti4200、NEC S260、i845PE

种子词：超频

超频、CPU、SpeedFan、RivaTuner、Abit、cpu、外频、倍频、Geforce 6800 Ultra、超频软件、内存、Intel、处理器、主板、金邦、电压、显卡、3DMark2001SE、5GHz、RADEON 8500

种子词：MOTO

MOTO、摩托罗拉、V3、E398、V3i、音乐手机、伊坎、真机、GoldMine、E2、手机、滑盖手机、E680i、诺基亚、福瑞、手机产品、该机、V820、Moto、iTunes

种子词：性能

性能、Sonoma、电池、笔记本、处理器、OSIsoft、Napa、显卡、Vista、整合主板、硬盘、双核、芯片组、显存、内存、AMD、主频、CPU、性能测试、笔记本电脑

种子词：P4

P4、Satellite 2430、VL860D、赛扬、主板、winbook、Pentium4 CPU、P4 3.06GHz、笔记本、CPU、超线程、SDRAM、奔4、P4 1.7G、飞盟国际、Pentium4 3.06GHz、Hyper - Threading、Intel、外频、nForce

种子词：Prescott

Prescott、处理器、Intel、Intel Prescott、Prescott P4E、Prescott 3.2E、90 纳米、英特尔、Northwood、SSE3、3.2C、Pentium 4、3.0GHZ、3.4GHz、P4E、二级缓存、主板、奔腾 4、缓存、超线程

种子词：GPRS

GPRS、Tungsten、无线上网卡、Telson、无线上网、CLIE、中国移动、EDGE、方正颐和、Clie、无线网卡、GSM、广东移动、

笔记本、手机电视、CDMA1X、诺基亚、拨号网络、WLAN、调制解调器

种子词：散热

风扇、散热片、散热、机箱、CPU、Hyper - Threading、enabled、燃料电池、水冷芯片、散热器、Pentium 4、Tt、INTEL CPU、临界值、热量、Prescott、赛冷、disabled、算术逻辑部件、液冷

15. 科技＿电脑＿软件

种子词：微软

微软、Vista、微软公司、Windows、Longhorn、操作系统、Linux、唐骏、鲍尔默、Office 2003、陈永正、Yukon、比尔·盖茨、微软中国、Office、Google、李开复、XML、MSN、RealNetworks

种子词：软件

软件、应用软件、软件企业、薄晓明、微软、软件产业、中关村科技软件、杀毒、Portal、产业发展、国产软件、软件业、方兴东、垂直出售、高丽华、熊猫软件、Whitehorse、StarView、软件外包、软件市场

种子词：Windows

Windows、Windows 2000、微软、Linux、Windows XP、Windows Server 2003、Vista、Windows 98、操作系统、Windows XP SP2、计算机、文件夹、注册表、网络付费音乐、微软公司、Windows 系统、Windows 2000/XP、空间优化、NTFS、资源管理器

种子词：Photoshop

Photoshop、图层、李巍、Elements、滤镜、Photoshop 7.0、Photoshop Elements、RGB、Photoshop 6.0、超逼真、CorelDRAW、像素、照片特效、Layer4、图像、照片处理、Ctrl + D、单击、

选区

种子词：Vista

Vista、微软、VISTA、操作系统、微软 Vista、计算机、激活、预装、笔记本、vista、Windows、恶意软件、熊猫烧香、XP、软件兼容、酷睿、应用软件、Windows XP、主频、应用程序

种子词：视频

科技频道、视频、TMPGEnc Plus、探月、VCON、媒体交换机、VirtualDub、水平解析线、RealProducer、联迪科技、Rm、电脑眼、文件转换、考古、ViewSonic、电视卡、天文、超级解霸、海天地、tal Recorder

种子词：Sun

Sun、Sun 公司、Java、Solaris、麦克尼利、SUN、Linux、StarOffice、Eclipse、Jonathan Schwartz、JVM、Opteron、Java Desktop System、AMD Opteron、麦克利尼、服务器、微软、UltraSparc Ⅳ、Whitehorse、宫力

种子词：应用

XP618、商务智能、应用、宽带市场、GPRS、即时信息、RFID、J. D. Edwards、企业网、随身电脑、3G、软件安全、Kjava、卡西欧、电子政务、IPTV、虚拟主机、IPv6、广州联通、方标讯业

种子词：操作系统

操作系统、Vista、微软、Longhorn、Mstboot、手机操作系统、Linux、智能手机、应用软件、Symbian、Windows、Gateway、PalmSource、计算机、A760、Office2003、Apache、拓林思、mi2g、Palm

种子词：信息化

信息化、信息化建设、企业信息化、华陶、互联网周刊、

Remedy、联合国训练研究所、姜笑琴、活页夹、检斤、K/3、中国信息化、K/3 ERP、CIO、陈英、GPRS、数字生活、零成本、计算机、支撑网

16. 科技_电脑_选购指南

种子词：选购

选购、选购指南、数码相机、笔记本、酷睿、变焦、KT400、5 vs、独显、数码摄像机、酷睿2、显卡、酷鱼、宽屏、CRR－5224D、移动PC、AGP 8x、硬盘、Canterwood、R9000

种子词：行情

BOX、行情、内存、CPU：Intel、硬盘、Pentium 4、CPU、赛扬、AMD Athlon XP 2400＋、RADEON 9700、HY、KingSton、E6、KingMAX、Athlon XP2200＋、pentium 4、缺货、迈拓、Athlon XP1800＋、希捷

种子词：ATI

ATI、ATi、显卡、Radeon 9500 Pro、ATI Radeon 9500 Pro、Radeon 9500、R420、何国源、NVIDIA、ATI R420、R9800SE、显存、图形芯片、nVidia、R520、nVIDIA、Radeon 9500 pro、Radeon8500、Radeon9500、Pixel Shader

种子词：戴尔公司

戴尔公司、戴尔、罗林斯、计算机、迈克尔·戴尔、戴尔中国、AMD公司、郑杰、凯文·罗林斯、打印机、国通、每股收益、公司总裁、英特尔公司、符标榜、发货量、直销模式、直接模式、惠普、凯文—罗林斯

种子词：促销

4998、无线战略、SyncMaster 152T、R9500、Office 2003、促销、联想手机、捷波、M4600、双模式电脑、无线之翼、同方数码、Office2003、增值服务、大众主板、MX440－8X、盈通、KT400、来雁塔、电洽

种子词：经销商

天音、经销商、天音通信、宏碁、攒机、赣南果业、吃里爬外、P10、EdgeForce、ServGate、仓租、迪比特、亚迅、蓝猫、数码相、思科、造车、杂牌货、金山毒霸、空调

种子词：同方

同方、同方电脑、清华同方、李健航、暑促、清华紫光、裴嵩、至强、办公电脑、清华系、数码 MP3、PC、股权分置、清华控股、股权分置改革、刘天民、校企、无线防火墙、商用 PC、紫光

种子词：苹果电脑

苹果电脑、iPod、苹果公司、iTunes、苹果电脑公司、苹果、IPod、Mac、卡莉、乔布斯、PS3、数字革命、Beatles、媒体播放器、iBook、消费电子、G5、MAC OS X、PANTHER、mac

种子词：暑促

暑促、宏图三胞、联想、联宝、沐泽、暑期促销、同方、紫光电脑、双核、方正科技、换机、华硕、4 999、方正、64 位、PC、64 位处理器、杨元庆、电脑厂商、同方电脑

种子词：U 盘

U 盘、复旦数码、M - Disk Plus、SanDisk、存储器、闪盘、移动存储、读卡器、智慧棒、音乐手机、软盘、自动性、康佳、朗科、数码随身听、闪存盘、加密、美达、USB、128M

17. 科技_科普生活_禽流感

种子词：禽流感

禽流感、禽流感病毒、掌财、狮头鹅、人禽流感、禽流感疫苗、H5N1、科普展、染禽流感、H5N1 型、高致病性禽流感、家禽、陆禽、养禽场、科技组、人感染高致病性禽流感、凭祥、甲型流感、疫情、滚白

种子词：苏丹红

苏丹红、亨氏、食品有限公司、肯德基、食品添加剂、辣椒酱、新奥尔良、辣椒粉、HIV、调料、百胜、检测标准、网络性爱、姜黄、下架、食品生产、公仔、国家标准委、被查、辣椒

种子词：流感

流感、流感病毒、流感疫苗、甲3型、接种疫苗、毒株、接种、疾病预防控制中心、实验鼠、测点、流感暴发、疫苗、养鸡场、病毒、吉布斯、甲型流感、过阴、试验者、美英专家、禽流感病毒

种子词：疫情

剿毒A计划、冲突波、大无极、疫情、RPC、流脑、病毒群、禽流感、反病毒、计算机病毒、冲击波病毒、邮件病毒、冲击波、红色结束符、冲击波杀手、电脑病毒、德民、疫情报告、变种、蠕虫病毒

种子词：部门

惠普、打印机、业务部门、桑德尔、摩托罗拉、e龙、计算机、IBM中国、企业软件、打印、符标榜、IBM、部门、菲奥莉娜、西门子、IBM公司、英飞凌、陈俊圣、柯菲德、PSG

种子词：特富龙

特富龙、不粘锅、杜邦公司、不粘、杜邦、环保署、杜邦特富龙、中国消费者、涂层、辛酸、苏泊尔、检验检疫、炊具、人类健康、致癌物、电饭锅、致癌、铁锅、助剂、TOM科技调查

种子词：肯德基

苏丹红、肯德基、丙烯酰胺、新奥尔良、调料、百胜、亨氏、立顿、食品有限公司、HIV、辣椒粉、炸薯条、香辣、氟化物、鸡腿、溶茶、被查、虚拟女友、网络性爱、史上

种子词：死亡

濒死体验、死亡、夺命、脑死亡、无头神秘人、离奇、濒

死、HIV、奶牛村、摇滚明星、死亡率、核攻击、活着、科技、奇闻怪事、小宋、拍裸照、超级细菌、网络性爱、肺结核

种子词：亚洲

天王星、巨鼋、亚洲、环球电讯、In - Stat、探索井、柯慈雷、开源软件、计算机、经济化、Xbox Live、溢价、科技、HIV、圆桌会议、李惠、最佳品牌、CEO、参展商、开源

种子词：发现

发现号、肯尼迪航天中心、航天飞机、美国东部、燃料箱、控制中心、“哥伦比亚”号、美国宇航局、类孟买血型、美国航天飞机、绝热、土物、宇航员、国际空间站、着陆、发射、艾琳、爱德华兹、12 分、升空

18. 科技_科普生活_航空航天

种子词：火星

火星、勇气号、“勇气”号、星上、“机遇”号、火星车、火星探测器、机遇号、探测器、火星快车、登陆火星、猎兔犬Ⅱ、猎兔犬 2 号、猎兔犬、美国宇航局、牙医钳子、火星大冲、火星探测、探测火星、猎兔犬 2

种子词：地球

科技频道、探月、太空陨石、生命分子模板、地球、太空牧羊犬、小行星、火星观测、火星陨石、考古、双链、火星、东非大裂谷、视频、天文、火星冲日、单链、太阳风暴、三〇〇、《自然》

种子词：航天

科技频道、探月、航天、发现号、考古、天文、视频、奎派、太空牡丹、液冷服、科技生活、液冷、中国航天、航天运载器、人马座、医学、地理、航空、探月工程、谜团

种子词：卫星

卫星、嫦娥一号、天文探测、高轨卫星、进步 M1 - 10、鑫

诺二号、在轨调试、鑫诺2号、发射、小卫星、中国航天、月亮女神、试验卫星、塞德娜、天王星、亚太卫星集团、蚕卵、中国卫通、北斗一号、风云三号

种子词：宇宙

科技频道、探月、宇宙、暗能量、考古、视频、机器人宇航员、宇宙生命、幽灵能量、阿塔卡马、微中子、科普、天文、轻元素、星系、阿列克赛、先驱者10号、科技生活、天文学家、黑能

种子词：探月

探月、科技频道、嫦娥一号、月亮女神、考古、月球、嫦娥工程、科普、月球探测、科技生活、欧阳自远、中国科学院地球化学研究所、探月工程、天文、绕月、探月卫星、探月计划、谜团、医学、航空

种子词：发射

发射、发现号、嫦娥一号、鑫诺二号、神六、长四乙火箭、鑫诺、小猎犬2、神舟6号、中国航天、卫星、阿里亚娜、长征二号、华卫二号、创新一号、航天探测器、发射场、谍网、九箭十星、周建平

种子词：天文

科技频道、探月、天文、褐矮星、考古、凌日、视频、科普、科技生活、原子钟、航天、缪勒、地理、吸收比、赫比格、医学、谜团、访谈、航空、月全食

种子词：太空

太空、太空羽毛球、太空主持人、酢浆草、宇航员、嫦娥一号、木星、宿双宁、木卫、AMS、神七、伽利略、航天港、太空威胁、人造垃圾、航天飞机、岩芯取样器、推样机、太空牧羊犬、费拉里

种子词：宇航员

宇航员、太空行走、国际空间站、奋进号、发现号、亚历山大罗夫、航天飞机、美国宇航员、空间站、捷列什科娃、曙光女神、太空、焦立中、曙光计划、航天服、戈布、太空婚礼、“哥伦比亚”号、神舟号、NASA

19. 科技_科普生活_艾滋

种子词：艾滋病

感染者、HIV、猴泡沫病毒、艾滋病、艾滋病疫苗、艾滋病防治、艾滋病病毒感染者、三〇九、艾滋病患者、临床研究、艾滋病病毒、复方 SH、美国人口调查局、葛兰素史克、疾病预防控制中心、抗艾滋病、艾滋、综合防治、国产化、防治法

种子词：青少年

网瘾、眼吧、青少年、网络成瘾、UP 新势力、上网成瘾、18 岁、眼保健、中国青少年网络协会、健康上网、CN 域名、网络游戏、陶宏开、健康成长、上网时间、全国青少年、近视防治、网络环境、青少年上网、互联网

种子词：婴儿

婴儿、巨婴、性别比、语言能力、REM、劣质奶粉、学说话、马良、MRSA、噪声、单色光、母乳喂养、中国人口、隐形杀手、科学家研究、雷迪、婴儿监视器、男婴、无头神秘人、科技

种子词：治疗

网瘾、治疗、治疗方法、网络成瘾、植物人、克隆技术、针灸、克隆、克隆人、乙肝疫苗、干细胞、疗法、格桑、中心主任、乳腺癌、水蛭、患者、乙肝、人禽流感、免费治疗

种子词：药物

FDA、药物、抗艾滋病、HIV、排卵、GSK、副作用、人体试验、礼来、德国科学家、病毒感染、制药公司、葛兰素史克、

基因治疗、自主知识产权、有效途径、中药、服用、纳米胶囊、新药

种子词：感染

计算机、猪链球菌、感染者、MRSA、病毒、超级病菌、感染、病毒感染、朱力、HPV、HIV、疟疾、鼻疽、世卫高级官员、Mydoom、可执行文件、MYDOOM、震荡波、结核病、禽流感病毒

种子词：传播

淫秽物品、淫秽、顶网、传播、NGN、计算机、淫秽图片、中国经济网、淫秽网站、淫秽电影、陈彤、可执行文件、色情内容、电子信息、司法解释、蠕虫、声讯台、感染者、长尾理论、两高

种子词：艾滋病疫苗

艾滋病疫苗、临床研究、孔维、人体试验、疫苗、疾病预防控制中心、临床试验、志愿者、洪广、艾滋疫苗、艾滋病、安慰剂、中心主任、注射疫苗、接种、接种疫苗、监测点、疫苗试验、研制、HIV

种子词：大学

大学排名、大学、翁帆、大型主机、中国大学、一流大学、21世纪、美国大学、世界一流大学、李开复、计算机、大学排行榜、武书连、终身职业、培训计划、景新海、上大学、朱清时、杨振宁、摩托罗拉大学

种子词：研究人员

燃料电池、人造肉、研究人员、鲸鲨、瓜纳华托、天蛾、夜蛾、科学家研究、膨化食品、基础研究、搜索服务、辛烷、维生素B12、大蒜、氢燃料、乳腺癌、忧郁症、木乃伊、HIV、中国科技

20. 科技_科普生活_非典

种子词：医学

科技频道、探月、考古、天文、视频、科普、医学、宇宙、科技生活、航天、地理、谜团、访谈、航空、生物、地球、聊天、人文地理、醛酸、健康

种子词：非典

非典、疑似病例、流行性甲型流感、环境气象专家、护士助手机器人、ACE2、疾病预防控制中心、果子狸、非典病毒、病例、冠状病毒、非典基因、传染性非典型肺炎、北京通讯、病毒、卫生部、恒河猴、监测新方案、钟南山、灭活

种子词：患者

患者、抑郁、人禽流感、人感染高致病性禽流感、焦虑症、焦虑、节育器、抑郁症、干细胞移植、综合医院、网瘾、人造骨、治疗方法、艾滋病患者、阿司匹林、阿尔茨海默氏症、疾病预防控制中心、易性癖、手术成功、药物治疗

种子词：食品

苏丹红、丙烯酰胺、食品添加剂、食品、食品安全、食品生产、致癌、检测标准、亨氏、食品有限公司、色素、国家标准委、张翔、禁止使用、食品企业、熏烤、安全监管、转基因、供应链管理、即食

种子词：卫生部

卫生部、苏丹红、碘缺乏、流脑、手术戒毒、社区卫生服务、毛群安、社区医院、病死率、学术意见、加碘、结核病、疑似病例、网络直报、平价医院、艾滋病病毒感染者、零报告、脑死亡诊断标准、病例、流感

种子词：内地

台积电、内地、TOM 在线、明基、富士康、张汝京、影视制作、香港电信运营商、宏基、富士通、封测、中芯国际、网通

宽带、灿坤、电讯盈科、易趣、代工、广达、A股上市、新世界电讯

种子词：疾病

马尔堡病毒、疾病、马尔堡、致命病毒、小钟、电池、prions、患者人数、脑血管病、精神疾病、职业病、加拿大多伦多、prion、小杰、人类健康、专家建议、肥胖、英国科学家、空调、科技

种子词：检测

苏丹红、检测、HIV、检测机构、特富龙、猪链球菌、全基因组、对硫磷、检测标准、迈拓硬盘、瑞星、远距、不粘锅、Maxtor、防火墙、计费、GSM、计费系统、江民、马拉硫磷

种子词：医院

社区卫生、医院、感染者、明基、安贞医院、医疗行业、电子病历、吸脂、公立医院、短信网址、社区卫生服务、职工医院、艾滋病病毒感染者、刘晓峰、行业信息化、合理用药、社区医院、人民医生、MRSA、大医院

种子词：中国工程院

中国科学院、中国工程院、科技进展、十大科技新闻、院士、工程院院士、燃料电池、白春礼、杜祥琬、两院院士、增选、院士增选、惠更斯、植物志、学部、自主创新、外籍院士、土卫六、邬贺铨、侯祥麟

附录6 HSK（商务）词语表

HSK（商务）词语表共2 366个词条，这里只列出前300个词条。

公司	市场	企业	投资
银行	美元	资金	业务
增长	产品	价格	管理
经济	风险	贷款	大盘
行业	基金	金融	生产
经营	财经	客户	上市
上市公司	交易	监管	上涨
销售	走势	股票	个股
发行	资产	品牌	保险
行情	下跌	人民币	大幅
改革	全球	消费者	产业
金融机构	反弹	利润	信息
股价	成本	业绩	下降
收入	收购	短线	收益
出口	利率	股市	报告
债券	分行	品种	消费

（续上表）

资本	短期	商业	预期
数据	指数	利益	信贷
证券	成交	信用	重组
融资	支撑	购买	央行
同比	欧元	投入	创新
网络	进口	股份	货币
协议	国有	震荡	运行
券商	外资	热点	用户
费用	国债	农业	股东
质量	存款	启动	房地产
支付	指标	专业	财务
跌	担保	董事长	回落
强劲	总经理	涨	亏损
人才	营销	百分点	结算
合同	商品	盈利	贸易
控股	金额	货币政策	累计
工业	吨	总裁	票据
渠道	职工	财政	外汇
试点	收盘	现金	能源
效益	就业	董事会	银监会
法规	不良资产	证监会（中国证券监督管理委员会）	账户

（续上表）

流通	规划	转让	收费
幅度	平台	广告	审计
整合	余额	代理	债务
期货	依法	总量	黄金
竞争力	A 股	扩张	审批
总额	体制	波动	签订
制造	银行卡	民营企业	不良贷款
多头	汇率	增幅	理财
注册	信用卡	供应	报收
产量	厂商	炒作	交易所
机遇	经理	合资	低价
软件	英镑	分公司	采购
利好	制造业	会计	H 股
开盘	国有企业	效应	净资产
法院	拓展	签署	持股
国有资产	研发	风险管理	比重
董事	刺激	二级市场	新股
标的	回购	外资银行	物流
企业家	定价	降价	财产
权益	运营	净利润	集团公司
财富	国有股	委托	运输
入市	B 股	子公司	主导
产权	调控	财政部	诚信

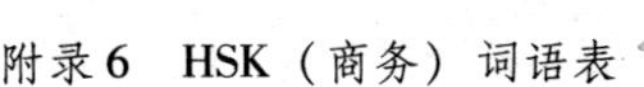

（续上表）

经销商	出资	费	获利
税收	利息	条款	价位
巨头	市场份额	下挫	营业部
回报	出售	投资价值	反倾销
法人	收取	谈判	份额
买入	上行	工资	认证
金融服务	下滑	市盈率	总部
配套	金融业	股本	股份制
改制	车辆	拍卖	并购
金融市场	支出	垄断	巨额
优惠	合并	超市	开发商
业界	招标	升级	信托
专利	分红	报价	农产品
走高	违规	国民经济	减持
跨国公司	扶持	增发	建仓

后　记

在写作本书的过程中，前前后后两年多，心里一直很矛盾，内容既没什么创新，又缺乏文采，非常担心贻笑大方。但是，犹犹豫豫中，书总算完成了。书虽小，也算是对自己几年来在学术上摸索的一个总结吧。对于计算语言学而言，我还是一个门外汉，只是仍然坚持走在学习的漫漫长路上，蹒跚前行，苦乐自知。

回想这些年的求学经历，计算语言学对于我是个意外，我对于计算语言学更是个意外。

我从小特别喜欢语文，因此高中读的是文科，对文学特别有兴趣，是个彻彻底底的文科生。上大学时，自然就选择了中文系，心里装着一个文学青年的梦。大学毕业后，在一个农村中学教高中语文，自娱自乐。一年后，怀揣着文学梦，我报考了古典文学的硕士研究生，由于英语分不够，调剂到了云南师大，没想到，云南师大没有文学专业，于是，再转到应用语言学专业。研究生毕业那年，面临考博选专业的难题，于是，在语言学的大领域中，选择了一个我看来比较新奇的专业：计算语言学。

其实，那时候（2002 年）我根本还没怎么接触过计算机。记得当时联系导师时，我都没有 QQ，没有邮箱，也不会上网，只能写纸质的信来联系。非常感谢北京语言大学的张普教授，不仅没有嫌弃我，还亲自给我回信，教我怎么上网，怎么通过 google 查找资料。

后来，就师从张老师读博士，稀里糊涂地成了计算语言学的门外汉！2002年，我年近三十，数学早还给高中老师了，计算机也不懂，更别说什么算法、程序设计、数据挖掘了。幸运的是，张老师善良仁慈，谆谆善教，一直鼓励我、鞭策我。于是，在1和0的世界里，我纠结、挣扎，在痛苦中，终于完成了这本小书。

在前行的路上，我很幸运，遇到了很多贵人，他们给了我很多帮助。

没有父母多年来含辛茹苦的支持，我在小学四年级就已经辍学了，一直到高中毕业，我基本上都是摇摆在学校和社会的边缘。母爱是海，父爱如山，是父母用他们的苍苍白发，用他们的佝偻背影，才换来我的今天。

感谢教育部语信司的李宇明司长和王铁琨司长，他们严谨的治学作风让我很受启发，在工作和生活上，他们同样给我提供了很多帮助。

感谢教育部语用所的靳光瑾研究员，在生活和学习上，靳博士对我关怀备至。感谢首都师范大学的周建设教授，他将做学问之道和做人的道理传授于我，使我受益匪浅。感谢我读硕期间的指导老师王瑜光教授和骆小所教授，是他们引导我走上学术之路的。感谢教育部语用所的冯志伟研究员，从他那里我学到了很多专业知识和学习方法。感谢微软亚洲研究院的黄昌宁教授，他从不在意我的问题是如何幼稚，总是“诲我不倦”。感谢我的博士论文指导组的陆俭明教授、董振东研究员、曹佑琦研究员和匿名评审及答辩组的王铁琨教授、陈群秀教授、孙茂松教授，他们对我论文的选题和后续的研究都提出了很多建设性的建议。感谢国家语言资源中心的陈敏、王奇、侯敏、苏新春、杨尔弘、何婷婷、赵小兵等各位老师，和他们一起讨论、一起工作的日子，是我度过的最美好的时光。

特别感谢暨南大学华文学院这个自由宽松的研究环境，感谢华文学院院长、海外华语研究中心主任郭熙教授，他不仅在生活上帮我解决了后顾之忧，而且在学术上为我指引方向，提供了很多帮助！

感谢暨南大学出版社曾鑫华编辑的大力支持！

最后，对一个人，我无法对她说感谢，我只想说，是她无私的爱陪伴我走到了今天。

刘　华
2010 年 3 月